歴史文化ライブラリー
102

魔女裁判

魔術と民衆のドイツ史

牟田和男

吉川弘文館

目次

等身大の魔女――プロローグ

現代人の思い入れ

「魔女」という存在の実像を探るのは大変難しい。かつてヨーロッパでは「魔女」として多くの人が裁判にかけられ、火刑にされたことはまぎれもない事実だ。しかしその実像となると霧に包まれていて、これまで現代人の想像を逞《たくま》しくさせてきた。わし鼻の老婆が箒《ほうき》に乗って空を飛び、人に魔法をかけて石に変えたりしてしまう、そんなメルヘンに出てくるような魔女が本当にいたのだろうか。薪の束のうえで焼き殺されていった人たちはじつは無力な犠牲者にすぎず、裁判官が勝手にレッテルを貼って焼き殺したのではなかろうか。あるいは彼女たちがどこか普通の人と違っていたから、犯罪者に仕立て上げられたのかもしれない。ひょっとしたら彼女たちは人を害すことはないにしても、何か秘密の儀式をやっていたのかもしれない。拷問にかけられて空を飛んだと自白したのは、じつは神経作用のある植物を服用して、空を飛んだような幻覚体験をしたからではないか。

「魔女」と言うからには、女性が多かったのだろう。それならひょっとして彼女たちは女だからこそ迫害されたのかもしれない。男に邪魔されないところで女性たちだけの秘儀、女性たちの知識を語り伝えていたのではないだろうか。それは権力を持つ男性の為政者から見ると、既成の秩序に挑戦しかねない危険なものに映った。だから「魔女」というレッテルを貼り、無実の罪を着せて焼き殺したのではなかろうか。こう想像を膨らませていくこともできるだろう。魔女狩りは男による女の迫害だったのだという見解を支持する人は案外今でも多いようである。そこから進んで、いや本当は魔女こそが世界を救うのかもしれないと思い始めるや、魔女はいつの間にか女神にまで変身してしまう。「魔女」を表題につけた書物の氾濫を見ると、現代は「魔女」に過剰な思い入れをして、「魔女」が肥大化しているのではなかろうかという思いに囚《とら》われる。

「魔女」はグリム童話などのメルヘンの中にいるだけではない。実際に歴史上、数多くの人たちが「魔女」として火刑にされていった。ところが実際には男の魔女、いわば「魔男」も大勢いたわけだから、「魔女」という日本語はいろいろと誤解を生みやすいということになろう。本書では、誤解を招きやすいことを承知のうえであえて男も含めて「魔女」という表現を使った。理由は、一つには単純に「魔男」という表現が日本語になじんでいないこと。それから魔女裁判にかけられて処刑された割合はやはり女性の比率が男性のそれを上回っていたこと、これはたまたまそうだったという以上の意味を持っているように思われるからである。第三に欧州語で悪い魔法使いのことを指すのに witch（英）、sorcière（仏）、Hexe（独）などといった言葉が使われる。実際にはもっと多種多様な表現で呼ばれていたのだが、ともかくもこれらの言葉、少なくともドイツ語では悪い魔法使いといえば今も昔も女だというイメージが付着しているからである。男の魔法使いを指す Hexer, Hexenmeister という言葉もあるが、Hexe の方が普及している。なお Zauberin（女魔法使い）と Hexe（魔女）の異同については後で触れる。

魔女裁判を検証する

魔女裁判といえば無実の人たちが告発逮捕され、拷問によって犯してもいない罪を自白させられたうえで処刑される、というイメージがあるだろう。このイメージが間違っているというわけではない。ただこれはもう少し検証する必要がないだろうか。拷問という暴力はあるにしても、魔女裁判のこのイメージでは、裁く側と裁かれる側との距離があまりにも大きすぎて、不自然ですらあるからだ。そのために三つの問いを出しておきたい。

1　誰が魔女を告発し、誰が裁いたのか。

2　告発された人はどういう人だったのか。

3　告発されたような罪は本当に犯されていなかったのか。

1と2の問いはこれまでにも多くの研究で繰り返されてきた問いである。しかし3には眉《まゆ》に唾《つば》をつける人も多いのではないだろうか。それはこれから読んでいただくとして、魔女狩りには超現実的な想像力に属する面と、冷酷で制度的な自動殺人機械の面とがある。本書では思いきって、次から次に大量の処刑がおこなわれた一六〜一七世紀のドイツの魔女狩りに焦点を絞ることにする。魔女狩りにはあまりにも多様な面がありすぎて、触手を広げるほど明確な像を結びにくくなること、個別的散発的な魔女狩りと、大迫害時代の魔女狩りパニックは重なりあいながらも、同列には論じられないと思うからである。

なお、文中の（　）は筆者による補足である。

「魔女」というイメージ

6　魔女犯罪の中身

魔女迫害の時代の公の定義では、「魔女」とは悪魔と契約を結んでキリスト教の神を棄て、悪魔の術に助けられて他人に危害を加える者のことである。その犯罪の具体的な内容は、現代のわれわれにはとても信じられないようなことのオンパレードである。魔女大量迫害期の被告人尋問の内容は、しばしば定型化された尋問カタログにまとめられ、裁判官の間で流通していた。魔女はいったいどのようなことが罪に問われたのか。具体的なイメージをつかんでもらうため、当時の尋問カタログから抜粋してみよう。一六一二年のマインツ選帝侯領のものだが、裁判で問題になる魔女犯罪の要素がほぼ網羅されており、微に入り細をうがった尋問内容がよく分かる。人定尋問を含む一

尋問項目

図１　悪魔の命令で十字架を冒瀆する魔女（17世紀の木版画）

般尋問に続いて、以下の特別尋問項目がくる。

3　邪悪な霊は、最初いかなる形、姿、服装にて現れたか。

5　被告はこの敵に仰天しなかったのか。また彼に対して、聖なる十字、イエスの名、その他キリスト教的な言葉で、身を清めたか。

9　被告が悪霊に身を委ねたのは文書によってか、口頭によってか。またそれはいかなる様式によってか。さらに、それは一定の時までのものか、あるいは永久のものであるのか。

10　悪霊がそれに対して約束した報酬は、期限付きのものか、それとも永久のものか。またこの悪魔の同盟はそもそもどこで成立したのか。

13　被告はこの悪霊の情夫から、再び新たに洗礼を受けたか。それはどこで、いつ、どれくらいの時間だったか。

14　被告は、洗礼を受けた場所に、どのようにして再び行き来したか。歩いてか、何かに乗ってか、何に乗ってか。どのようにして乗ったのか、前か、後ろか。

15　悪魔はどれぐらいの頻度で被告に水を注いだか。またその他に洗礼の言葉のためには、何を用いたか。被告は濡れて帰ったか。

17　被告は神とその聖なるものを裏切り、悪霊に誓いを立て、忠誠の手を差し出さねばならなかったか。それはいかなる言葉にて、どちらの手でおこなわれたのか。

19　悪魔はキリストと聖三位一体について、またキリスト教全体について、常々どのように言っていたか。

20　悪魔は洗礼の際ないしはその後に、被告に特別なほくろの印を付けなかったか。どのような目的で付けたのか。またそれはどのような印であったか。それは今でも識別できるか。

22　洗礼を受けた後、被告は悪魔の情夫と特別の悪魔的な結婚をおこなわなかったか。それはいつ、何時に、どこで執りおこなわれたか。

23　その際、誰が被告と淫行をなしたか。彼はどのような服を纏《まと》っていたか。またどのように立っていたか。言葉と儀式の前に彼は何を用いたか。そして被告はその際、何をせねばならなかったか。

25　誰が花輪を捧げたか、何の周りにそれは飾られたか。また被告はその花輪を持って、どこに行ったか。そして花輪は人間と同様、悪魔の情夫にも与えられたか。

26　その他には結婚式の客のために何が用意されていたか。被告は衣服と装飾品は何を身に付けていたか。各々は何を話し、何をおこなったのか。そして被告が明らかに見た者のうち、何人が、また誰がまだ生きているか。そして被告は、それらの者のどのような印や特徴によって、間違いなく彼らを見分けることができるか。

27　各々を認識できる程度の灯はあったのか。またこれやその他の集会において、どれくらいの灯が焚かれたのか。それはまた真正の自然な灯であったか。またそれは卓上に置かれていたのか、それとも下に置かれていたのか。

28　どのような食卓、卓布、皿、ナイフ、椅子、鉢、コップを被告は用いたのか。それらすべては誰が運んだのか。さらに食卓はどこに置かれていたのか。木の下か、それとも平地の上か。

29　被告はどのようなフライパン、薬罐《やかん》、壺、その他の調理器具を用いたか。誰がそれを運んで来たのか。被告は何で火を消したか。その後、あざや炭その他の火に呪文をかけたり、占ったりしようとしなかったか。さらに被告は、夜の調理のために常に決まった場所を使ったのか。

30　食事と飲み物は何だったか。またそれはいつから、誰によって運ばれてきたか。被告はパンと塩を食したか。また料理は煮てあるか焼いてあるかしていたか。それはどんな動物の料理で、その調理法はどんなものだったか。
31　被告は食卓において、会話を楽しんだか。会話の内容は何だったか。
34　食事が終わった後、何がおこなわれたか。舞踏が始まらなかったか。それはどのように、またどういう順番で踊られたのか。そして舞踏の先導と殿《しんがり》を務めたのは誰か。踊りはどれくらい続いたか。
35　この舞踏のために、どんな楽士を雇ったか。彼は何という名か。どこの出身か。誰が彼を雇ったか。何の楽器で演奏したか。彼はどこに立ち、あるいは座っていたか。その賃金はいかほどであったか。誰がそれを支払ったのか。
36　踊りがすべて終わった後、何がおこなわれたか。被告は悪魔を崇《あが》め、接吻し、崇拝せねばならなかったのではないか。いかなる言葉、儀式でその崇拝はおこなわれたのか。その後、悪魔はいかなる形、姿態で現れることが多かったか。
37　集会参加者はすべてが終了した後、どこへ行ったのか。また被告はどうやって家に帰ったのか。歩いてか、それとも何かに乗ってか。何に乗ったのか。どのような形をしていたか。
38　料理と食器類はどこへ消えたのか。またたれがそれを片付けたのか。

40　ダンスはいつも、家畜小屋や村の広場でおこなわれなかったか。たくさんの人がそこを通り過ぎたり、近くに住んでいたりするのに、音楽やどんちゃん騒ぎの騒音が気づかれなかったのはなぜなのか。

43　被告は次のことを確かに言いうるか、もしくは事柄それ自体において明らかであるか。魔法を使う者はべとべと汚れた熊手や箒《ほうき》に乗って、あるいは悪霊の情夫の助けを借り、山羊や他の動物に跨《またが》って、本当に空を飛んで夜の舞踏に行き来したのか。またそうしたことは幻覚でも夢でも虚偽でもないか。

44　誘惑された魔法使いは、時々は欠席を悪霊の情夫に届け出て、他の者を代理でよこすことができなかったのか。

45　聖ヴァルプルギスの日および聖霊降臨祭に集会が共同でおこなわれるのではないか。なぜ、またどういう動機その他で、集会が特定の日により盛大におこなわれるのか。

50　何人かは仮面で顔を隠して、見えないようにしていなかったか。

51　それらの者は食卓での飲食やまたダンスに際して、仮面を付けて、どのように振舞っていたのか。仮面は食べたり、飲んだり、喋ったりするのに、邪魔にはならなかったのか。

52　この淫行悪魔の仲間は何を持っていたか。彼らはどんな服を着ていたか。帽子、胴着、ズボン、タイツについてはどうか。お下げ髪の女淫行悪霊はどうか。上着、下着はどうだったか。彼らはお互いにどのように呼んでいたか。

53　被告は、どうやって配偶者や幼子が、夜、ダンスから返ってくるまでの間、目を醒まさないようにしたのか。またどうやって自分が居ないことを気づかれないようにしたのか。

54　夜のダンスや馬鹿騒ぎに出席していた魔法使いの男女は、お互いに淫行、姦淫をなしたのか。

55　その集会においては、各人が歌を歌わねばならなかったのではないか。そしてその歌は何だったか。また被告らはそれを誰から習ったのか。

60　さらにその他、被告らの集会においては、次のような協定が結ばれ、ないしは提案がなされたのではないか。とりわけ、汝らは穀物、葡萄酒、その他の果実を駄目にするため、悪天候、芋虫、蝸牛《かたつむり》、その他の害虫を発生させようと決議しなかったか。

62　被告の陰謀は常に成功し、順調にいったか。あるいは時々防御手段によって妨げられたか。防御手段はどんなものだったか。聖的なものか、自然的なものか。

63　被告は舞踏や集会の途中で、時々、聖別された鐘の音によって狼狽《ろうばい》したことはなかったか。その時、どこへ行ったか。また何をしたか。

64　逮捕された者は、害悪をなすために、とりわけ何をしたか。そして何よりも、汝はこの忌まわしい悪徳に、誰かを誘ったのではないか。もしそうなら、いつ、どの時点で、どういう手段で、どの場所でそれをおこなったのか。また汝が誘惑した者は何名か。さらに、それらの者は何という名か。また、各人はいかなる悪霊の情夫を持っていたのか。それはどんな服を着ていたか。同様に、彼らの洗礼と結婚はどこでおこなわれたか。

65　被告は幼子、妊婦、授乳中の母や他の人間に害悪を加えたか。それはいかなる手段によってか。いつ、どこで、どの場所でおこなったのか。さらに、誰が、また何人がそこに居たのか、何を使ってその害悪はおこなわれたのか。またそれはいかなる結果に終わったか。

66　被告は愛の飲み物や催淫剤を誰かに与えなかったか。その中に何を混ぜたか。そしてどういう効果が生じたか。

67　なぜ、どういう動機で、またいかなる教唆《きょうさ》によって、こうした危害が罪無き人々に加えられたのか。

68 被告は自分の家、ないし隣人の家において、家畜に危害を加えたか。もしそうなら、いかなる危害を加えたのか。被告は自分で家畜小屋に行き、何かをそこに埋めたか。それは何を使って、いかにしてであるか。

70 被告は時々、猫、狼男その他の動物に姿を変えなかったか。そうやって化けた異形の姿でどんな害悪をなしたのか。被告のことを他人は、また自分自身でもそうした変身動物だと思っていたのか。

73 被告は何か有毒なもの、ないしは他人を害するものを扉や門の下に埋めなかったか。彼らないしその家畜が、その上を跨ぐことで、損害を受けなかったか。そしてそれは届け出られたか。その埋められたものは、どうやって再び除去したのか。また悪しきことが起こることを望んでいたのか、あるいはこれを防ぐことを望んでいたのか。

75 被告は同様の害悪をなすために、邪悪な敵（=悪魔）から受け取った棒、梶棒、あるいはその他に特別の悪魔的な脂、軟膏、粉、根などを用いなかったか。さらに、逮捕された者は、同様の脂、棒、粉、根、その他の小道具、あるいは魔術の本を、なお隠し持っているのではないか。誰がそれを送り届けたのか。そうした棒や梶棒は、どんな種類の木からできていたか。また根や粉はどんな種類のものだったか。さらに被告らの儀式のどの場所で、それらが見つかるのか。それを持って被告はどこに行ったのか。

76　誰がそうした魔術の脂を製造し、調製したのか。またそれは何から作られるのか。

77　被告は、自分や他人の死んだ子供を自分一人で、ないしは被告の他の仲間が知っている物を使うことによって、墓地から掘り出し、そしておぞましい脂を作るのに用いなかったか。あるいは他人に勧めなかったか。誰を通じてそうしたことをしたか。

78　被告は、自分の腹を痛めた子あるいは他人の子を殺さなかったか。どうやって、またいかなる動機でそうしたことをしたのか。

87　被告は聖体拝領の際、聖餅《ホスティア》を食べたか。あるいは再び口から吐き出したか。それはどのくらいしばしばであったか。それを持ってどこへ行ったか。そしてそれを何に使ったのか。あるいはそれはなお、被告の家にあるのか。

95　被告は拷問に対抗する手段を使ったか。それはどんなものか。また誰から貰ったか。

注意　最後に……被告には、虚偽、ペテン、その仲間に対する故意、憎しみや嫉妬（による自白）については、その場で、また永遠に劫罰が下るべきこと、よく言い聞かせるべし。

(Herbert Pohl, Hexenglaube und Hexenverfolgung im Kurfürstentum Mainz. Ein Beitrag zur Hexenfrage im 16. und beginnenden 17. Jahrhundert, 1988, s. 307-314)

悪魔学的「魔女」概念の成立

今日「魔女」と呼ばれるものが指すイメージのそもそもの起源について、はっきりしたことは分からない。しかし後世に魔女の属性とされる雑多な要素のいくつかはヨーロッパのキリスト教化以前のオリエント、地中海世界に見出すことができるという。古典古代のギリシア世界においては冥界の女神とされるヘカテの観念が発達した。ローマ時代には占いや魔術は盛んにおこなわれている。ストリクスという夜の鳥は後に子供の死体を貪り食う妖怪と同一視されていた。またギリシア神話に登場するメディアは竜に引かせた車に乗って夜空を飛ぶ女としても描かれる。ローマ帝国は雑多な民族と宗教を抱え込んだ世界帝国であり、そこではまた数多くの魔術が栄えていた。ローマ法の後世の集成である『ローマ市民法大全』を見る限り、帝国は概して魔術や占いに対しては禁止の措置をとってはいたものの、人間の病気を治したり、葡萄を雨、嵐、雹《ひょう》から守ったりする、いわゆる白魔術を使う者は刑事訴追の対象からはずすことも規定している。魔術はそれを使う実際的な目的にしたがってケースバイケースで評価されてもいたわけである。

だが決定的だったのはやはり、キリスト教の出現とその後の神学的発展だろう。もともとキリスト教に由来する悪魔との契約、背教を核とした魔女概念は、魔女迫害時代を除いて、あまり一般に受け入れられたものではない。われわれにとってなじみ深いのは民話の中に登場するような魔女であろう。そうした魔女は悪事をなすものではあるが、キリスト教的悪魔と結託するようなものではない。その悪はごく卑近な悪である（もっとも昔話のユング心理学的解釈によるならば、魔女はグレートマザーの象徴として、また別の意味を帯びるのだろうが）。

キリスト教神学において善悪二元論の成立に決定的な影響を与えたのは、古代後期のアウグスティヌスであろう。神の国と悪魔の国を二項対立させる彼の図式は、両者の妥協の余地を排除してしまった。たとえば日本の土俗信仰では、悪をなす霊でもこれをなだめ、祀ることによって鎮めることができるという発想がある。また人を狂わせる情念は神々の声を伝える仲介者でもあるという考え方が古代ギリシアには存在した。いずれも霊的なものにある種の両義性を見ているわけである。しかしこうした道はアウグスティヌスによって塞がれてしまう。異教の神々を崇拝することは悪霊を崇拝することであり、それは悪として倫理的に戦うべきものであるとされた。

もう一つ、アウグスティヌスの教説で重要なのは、「悪魔との契約」という観念を確立したことである。契約はもちろんオリエントの交易民の間で古くから知られた重要な概念であるが、旧約聖書はこれを人間と唯一神との関係にまで適用した。アウグスティヌスの時代、悪魔と人間との契約は実際に起こるものと考えられていた。異教徒が悪魔に助けられて現実に奇跡をおこないうることを前提としたうえで、彼はこれに倫理的な悪という刻印を与えて断罪したのである。良きキリスト教徒がおこないうる奇跡とは、全能の神に発するものであるがゆえに善であり、悪しき人間のそれは悪魔と結びついているがゆえに悪である。両者を区別するのはその現実性ではなく、倫理的な質であった。これにより悪魔の存在は無視されるのではなく、空気のような体を持ったものとしてむしろ実体化される。

悪魔と契約する者たちという観念は、その後ラテン世界の教会に引き継がれ、発展することになった。一二世紀になると有名なグラティアーヌスの『教令集』に、アウグスティヌスの見解が受け入れられた。異教の神々の崇拝、占い、悪魔との契約が教会法の中に入るとともに、神学においてもアルベルトゥス・マグヌスが契約理論に大きな一歩を踏み出した。彼はたんなる魔術的な行為によって悪魔と黙示的に結ぶ契約と、明示的に悪魔を呼び出して結ぶ契約とを区別している。彼は両者とも棄教とみなしてはいるが、両者を区別したことの潜在的意味は大きかったろう。行為者が自分の行為の意味をどれだけ理解したうえで行為に及んだかという、いわば個人の内面的倫理的な「責任」が問題にされる可能性をそれは孕《はら》んでいたからである。

異端にはそもそものはじめから自主的に選び取った内面の信仰が問題とされている。だからこそ執拗な尋問と自白へのこだわり、文書による慎重な確認がその特徴となる。これに対して伝統的な「魔法使い」や妖術使いの方は、その能力と使用の結果が問題とされる。すでに古くサリカ法典、リブアリア法典、バイエルン部族法典といった、ゲルマンの部族法典にも魔法使いは処罰の対象として言及されているが、それは魔術が現実的な効果を持つことを前提としたうえで、被害者への補償を眼目とするものであった。

魔女大迫害時代の「魔女」概念は、伝承の中の不気味な怪物女でもなければ、はたまたメルヘンの世界に生きるわれわれにもなじみのある魔女とも違う。キリスト教的悪魔学の影響を色濃く受け、悪魔と結託して神に背くという精神的な罪と、この地上に害悪をもたらすという世俗の罪とを犯した犯罪者なのである。そして何よりも魔女が当局の厳しい処断の対象となったのは、前者の精神的な罪、悪魔との契約を結ぶ人間という概念が確立したからである。

ここで用語を整理しておくと、「魔法使い」（Zauberer、女の場合は Zauberin）は魔法を使って他人を害する者とする。ここで問題にする「魔女」（Hexe、男の場合は Hexer ないし Hexenmeister）は悪魔と契約を結び、その魔力を悪魔から得て他人を害する者である。実際には魔女迫害時代の史料の用語法では、この二つがはっきり区別されているわけではない。本書で中心的に取り上げたドイツ中西部では、Hexe という用語はかなり遅くならないと登場せず、もともと悪霊を意味する Unholde などが魔女の意味で用いられることも多い。後述リッペ伯領などでは大迫害時代を通じて終始 Zaubersche（「魔法使い」）という用語が使われるが、Zaubersche に対する裁判の中身は魔女裁判そのものである。その他にも実際の用語法は地域的な異同が大きい。用語の語源にこだわって、そこから意味を汲み取ることも大事ではあろうが、ここでは実際に意味されていた中身を問題にして「魔女」と伝統的な「魔法使い」とを使い分けたいと思う。ただ「魔女裁判」は、異端審問的な要素と妖術の現実的害悪との二つを含みながら、重点の置き方によって中心軸がぶれてくる。ここのところが分かりにくい原因だろう。

初期の魔女裁判

異端審問からの接近

さて集合概念としての「魔女」を理由に人を裁き、処刑するという現象は、地域的にはどのあたりから始まったのだろうか。魔女裁判はヨーロッパの全域でいっせいに始まったものでもなければ、その最盛期にも均等に起こっていたわけではなかった。ある特定の地域からそれは他へと伝染していったのである。魔女裁判が本格化する以前には「魔女」という犯罪類型は知られていない。あるのは「異端」と「魔法使い」であった。すぐれてキリスト教的である魔女概念が成立するにあたっては、中世の異端迫害との連続性を無視するわけにはいかない。一二五八年の教皇アレクサンデル四世の勅書では、異端審問官は占いそれ自体を取り上げるべきでないとされている。しかしこれは逆に異端と魔術実践、悪霊の呼び出しが混同されやすかったことをも意味するだろう。

ヨーロッパでは集合概念としての「魔女」が文献に言及されるのはおおよそ一五世紀前半のことであり、地域としては今日のスイス西部であった。フリブールで一三九九年に起こったヴァルド派裁判では、異端が夜な夜な隠れて仲間内で秘密の集会を持つことが問題とされている。もっとも異端審問というものの性格は、表に現れた犯行の糾明ではなく、内面の信仰のあり方を問題にするとともに、容疑者の捕縛も第三者の証言に拠るところが大きい。だから異端犯罪が何か秘密めいたもの、秘密の組織を想定させたことは想像に難くない。実際これにはさらに先例があって、一三八七年から翌年にかけてサヴォアのピネロロで起こったヴァルド派、カタリ派への異端審問で、異端集会での礼拝だけでなく、そこでの狂躁についても言及されているのである。さらにこのフリブールの裁判では、悪魔崇拝という要素が現れてくる。ヴァルド派の説教師は猫の尻尾に接吻するというモチーフである。さらにエッチーナというヴァルド派の同調者が、ある女について語ったところでは、彼女は神によく奉仕するから、神は彼女の願いを聞き入れて、彼女を苦しめる者に「復讐」をなすのだという。この場合の復讐する神とは、異端審問官の目から見れば、もちろん悪魔以外にはあり得ない。異端が悪魔を呼び出してこれを崇拝しているという疑いはすでに一三七六年のエイメリクスの『異端審問教程』にも記述がある。

異端として裁かれた被告ル・マルスリアには、人間の肉を喰らうという罪が、そしてジャック・デュプランには悪魔と契約を結んだということが列挙された罪状の中に加えられている。一四三〇年にフリブールの裁判を指揮したウルリー・ド・トランテは、一四三八年にジュネーヴ湖畔のヴェヴィーでも異端審問をおこない、セクトの集会で黒い男、後には黒い猫の姿で現れる悪魔に忠誠の接吻をしたほか、天候を変える魔術をおこなったという自白を被告から引き出している。

魔法使い

では伝統的な魔法使いに対する裁判はどうだろうか。天候が不安定な山岳地帯では、雹《ひょう》などの被害を魔術に結び付けたり、家畜や人間の疫病もまた魔法使いのせいにしたりする。そうしたスケープゴートとしての魔法使いに対する告発は昔から散発的に起こっていた。一五世紀のスイスに限定すれば、とくに東部ではこうした古くからの魔法使い裁判が健在だった。異端審問の要素が前面に出ていたとはいえ、西部でも魔法使い裁判が衰えていたわけではない。伝統的な魔法使いの魔法はしかしキリスト教の象徴とまったく無縁だったわけでも、それどころか悪霊の呼び出しと無縁だったわけでもない。一五世紀初めの、たとえばバーゼルの裁判では、魔術の小道具や魔術指南書が多数押収されている。もともと自分に災いがふりかからないように呪文を唱えたり、敵の蠟人形を作って火で焙ったりするには、秘密めいた文字や呪文を書いたものが必要だし、そもそも具体的な実践魔術は、たんに口承だけでおこなわれていたわけではなく、いくつもの指南書、処方を記した書き付けを介しておこなわれていたのである。一四世紀前半にはすでにさまざまな薬草の調合や愛の魔術の処方箋が書かれて伝わっている。実践魔術は儀式であり、その細部にいたるまで厳格にあらかじめ決められた作法を守らなければ効果は現れない。呪文は一字一句間違えずに唱えなければ何の利き目も持たないものである。また小道具もきちんと決められたものを用いなければならない。秘密裏におこなうべき実践魔術にこの手の指南書が存在したのも道理であろう。

しかし民衆の間でおこなわれていた魔術の実践がこのようなものだとしたら、これは意味深いことだといわなければならない。というのも、まず本や呪符の存在は、それ自体ある程度文字を読めることが前提である。この実践魔術の具体的な方法を記した当時の指南書は、現在われわれが簡単に利用できるような形では残っていない。したがってこの時代のことについては推測ということになるが、近代になってまとまったテキストの形で成立した魔術書の原型は一六世紀にはすでに成立しており、それについてはアクセスも可能である。その具体的な内容はキリスト教の公式の儀式内容を断片的に利用し、変形させたものが多い。呪文自体がミサの際に唱える式文の変形である。こうした魔術師がおこなう魔術と魔術本についてはすでにヴァイアーも報告している。

聖職者自身が求めに応じて厄除けの祈禱をしたり、農民の先頭に立って豊作祈願の畑巡りをしたりすることは、まだこの時代にはほぼ公認の慣習であり「迷信」でも何でもなかった。一方、ミサの聖体を持ち帰って何か自分の願いをかなえるために使用することは、明らかに迷信であったし、アヴェ・マリアの名を本来の感謝の祈り以外にみだりに唱えたりすることは迷信の疑いをかけられても仕方なかった。そしてこのようなキリスト教のシンボルの逸脱的利用、公式の象徴を受容しながら、ある意味でパロディー化していくことこそ、教会が常に神経を尖らせた民衆的な信仰のあり方だったのである。聖別された水やパン、聖遺物が持つ呪術的な力は悪霊を退散させる力があると信じられており、また聖人がおこなう奇跡の力への信仰は、民衆的キリスト教の不可欠の要素をなしていた。教会はこうした民衆的信仰形態のいちいちをつぶさに観察し、その中のあるものは容認し、あるものは斥けつつ、キリスト教的シンボルの逸脱的な使用自体を「迷信」の側に追いやっていった。「迷信」はそもそものはじめから正統信仰と固定的に対立していたのではなく、時代とともに教会の態度の変遷につれて、その内容を変化させてきたのである。

しかも異端審問をおこなう側も霊の呼び出しとは無関係だったかというと、さにあらず、初期魔女迫害の時代の托鉢修道会、とくにフランチェスコ会には、南フランスを中心に明らかな交霊術による占いに親しむ修道士がかなりいたことが分かっている。

バーゼル公会議と知識人

一四三〇年代の「新しい異端」すなわち魔女への裁判には、さらに政治的、知識社会学的な背景が存在していた。一四世紀半ばから一六世紀半ばにかけてのドフィネは、フランス王国に編入された比較的新しい準直轄領地として王族に授封されていた。この地で一四二六年から二〇年以上にわたって上級裁判官を勤めたクロード・トローザンはこの初期魔女迫害の代表的人物であり、「魔女」概念の形成に一役も二役も買った世俗の法律家であった。彼が任地にあった一四四九年までに裁判にかけた魔女の数二五八人というのは、アルプス西部の他の地域に比べても際立っている。この地域は一四世紀に入るとヴァルド派の活動が盛んになり、これに対応して異端審問も激しさを増した。しかしトローザンによる迫害の特徴は、これが王権を背景にした世俗権力によっておこなわれたという点だ。彼が奉職していた上級裁判所は代官職の下にあったが、王太子から直接任命される職として大きな権限を持っていた。ここで彼は精力的に新しい異端に立ち向かい、自らの経験をもとに『魔術師と魔女の誤謬《ごびゅう》』を著した。

一四三六年に書かれたこの論文は、決してその当時広く知られていたわけではないが、魔女観念と魔女迫害が成立する初期の事情を反映した文献である。ここでトローザンはこの当時すでにこの地方に広まっていた観念を受け入れて、悪魔崇拝者のセクト論を展開する。悪魔の手下となった魔法使いたちは箒や動物に乗ってサバトに赴く。その際、子供を殺して取った脂や悪魔の小便から作った軟膏を体に塗って行く。サバトでは悪魔に忠誠のキスをして、肉体の交わりを持ち、飲食をしてダンスを踊る。後の魔女大迫害時代のイメージの原型がここに出揃っている。しかしトローザンの論文が持つ意味として、より重要なのは、おそらく次の点だろう。トローザンは魔女の空中飛行にせよ、夜宴での狂躁にせよ、後述『司教教令』の伝統的な見解に従って、それを実際に起こったことだとは見ていない。しかし『司教教令』の消極的な寛容の態度とは違って、彼はこうした悪魔崇拝者に対し、極刑で臨むことを主張する。この両者の橋渡しをするものは何だろうか。その鍵になるのは、処罰する権力主体について、彼が革新的考えを持っていたことである。彼は伝統的な聖剣と俗剣の両剣論を踏襲しながらも、俗権の主導による処罰を前面に打ち出す。

もう一つのポイントは、異端と魔法使いとの関係をどう捉えるかである。異端は改悛《かいしゅん》しなければ火刑に処せられるが、魔法使いはそれとは違うから、火刑に処すべきではないという見解を挙げて、トローザンはこれに反論する。ここで彼が問題にしているのは魔法使いにして異端、というより身も心も悪魔に捧げた邪神崇拝者なのである。異端者は改悛の余地があるが、邪神崇拝者にはその可能性もない。邪神崇拝者は、たとえ現実に殺人を犯していなくても死刑に処さねばならない。それもこうした異端者は、俗界での大逆罪と同列に扱うべきである。なぜなら彼らは最高主君に弓を引いたのであり、地上の権力に反逆することを意味するからである。ここには台頭する領域国家の力を背景に、中世の聖俗二元論を越えて踏み出そうとするトローザンの姿勢がある。君主は神の直接の代理人として裁く権能を持っているのである。アナーキーな小権力分立と普遍的教会という中世的世界が徐々に広域的政治権力に取って代わられてくる時代状況がここにある。

さて、そうした新しい異端についての知見は、もう一つの知的大イベント、一四三一年から一四四九年にかけておこなわれたバーゼル公会議によって大いに広められることになった。教会大分裂が収束した直後のこの公会議で新しい教皇に選ばれたフェリックス五世は、もともとドフィネに隣接するサヴォアの君主であり、対立するオイゲン四世からサヴォアにおけるヴァルド派への取り締まりの甘さについて非難されていたという経緯がある。新教皇の下でローザンヌ教区参事会の主席司祭になったのが、バーゼル公会議でフェリックスの書記を務めていたマルタン・ル・フランであった。彼が一四四〇年から四二年にかけて著した『女性の擁護者』で報告しているのが、ブリアンソンの上級裁判官、他でもないクロード・トローザンがおこなったもろもろの裁判である。ル・フラン自身は棒に乗って女が空を飛び、集会に行くとか、そこで猫や山羊の姿をした悪魔に忠誠のキスをするとかいった供述に懐疑的である。しかしこのフランス、イタリアの境界地方に発する邪神崇拝者のイメージが彼の著作を通じて他の多くの知識人の間にも広まったことは間違いない。中断を挟んで十数年にわたったバーゼル公会議は、高位聖職者が来ては去る知識人の情報交換の舞台となっていた。そしてこの地で各地の異端裁判の情報、占いや魔術についての断片的な情報が集められ、知識人聖職者たちはこの異端の限界事例をどう解釈すべきか、議論を重ねたと思われる。

バーゼル公会議に集まった知識人の中にバーゼルの修道院長ヨハンネス・ニーダーがいた。彼は一四三五年から三七年にかけて成立したその著『蟻塚』の第五巻において、この奇怪な異端にして魔術師のことを書いている。これはベルンの市参事会員で、この当時ベルン市権力の下にあった上ジンメンタールのラントフォークト（本来皇帝権力の下にあった上級官職）であったペーター・フォン・グレイエルツからの情報に基づくものであった。

新しい社会と紛争

中世の初期にはすでに、キリスト教はヨーロッパ大陸のほぼ全域を覆っている。しかしそれは聖職者と物言わぬ俗人との対照によって特徴づけられていた。いわば羊が群れから迷わないように、正しい方向へ導いてやる文字通りの「司牧」としての役割を聖職者は担っていた。しかし一方で俗人平信徒の信仰はといえば、一皮むけば怪しげなものばかりだった。教会は彼らの聖地に聖堂を建て、暦によって異教の時間を巧みにキリスト教化していったが、それでも占い、仮装行列や舞踏での陶酔、偶像に願って現世の利益を得ようとするなど、教会から見ての「迷信」を根絶することはできなかった。中世のカトリック教会は異端に対し、微妙な教義上の逸脱を問題にしていった。しかし古代の異教の臭いを残す「迷信」の要素を異端にも見る傾向があったことは否めない。

ドフィネのトローザンと同じくニーダーの情報源となったペーター・フォン・グレイエルツもベルン市参事会員という俗人の高官であり、当時買収等によってスイス一の大都市国家に成長しつつあったベルン都市権力を代表して、上ジンメンタールの司法に臨んだ人物だった。ベルンだけでなく、ルツェルン、フリブールは一四世紀からすでに都市としての独立性を強めていた。ルツェルンはその領域内での平和を破る行為に対して、当局による職権的裁判をおこなう権力を獲得しているし、ハプスブルク、後にはサヴォア公の支配下にあったフリブールも、限定的ではあれ、殺人等の重罪に対する裁判権を獲得している。誓約共同体として成長しつつあったスイスの成立とも連動したこれら諸都市の権力は、もはや中世の伝統から脱却しつつあった。これら成長しつつあった都市権力の影響下にある地方で、一五世紀には他に比べて多くの妖術異端裁判が起きている。

従来スイスでは穀類の栽培と羊の飼育が農業の基本的な性格だったのだが、ジンメンタールではこの時期に牛など大型家畜が飼育されるようになり、それに合わせて牧草地が増えていった。牧草地経営ははじめから市場での換金を前提としており、経済は局地的な単位では成り立たないようになってきた。逆に穀物は外から買い入れねばならなくなり、自給自足の体制が崩れて外部の市場経済へと組み入れられるようになった。こうした背景のもとで住民はベルン市など外部の町との接触の機会が増え、住民間の階層移動も激しくなってきたのである。政治的にも経済的にもベルン市はその勢力圏を拡大しており、これまで行き来のなかった地域の間で人の往来も盛んになる。環境の変化はそれまでになかった新しい事件と紛争を生むようになった。

最初の魔女

ニーダーの『蟻塚』は、俗人の信仰のあり方について論じ、またこれを正しい方向に導くことを意図して書かれた、一種の教理問答という性格をそなえる。教会会議や修道院改革についての記述に続いて、聖人が受けた啓示と夢、偽りの啓示、ベガルド、女性の悪癖、異端、模範的な聖人の生活、そして第五巻でベルンとローザンヌの魔法使いについて、交霊術者や悪魔憑《つ》きの事例について報告している。ニーダーの情報源となったグレイエルツによれば、上ジンメンタールではじめて魔女が現れたのは『蟻塚』執筆時を遡ること六〇年余り前すなわち一三七〇年代ということになる。もちろんこれは後世に残った記録によるのであって、同様の魔女事件はこの地域で同時多発的に起こっていたと考えられる。いずれにせよグレイエルツによれば、スカウィウスなる者が魔女のセクトの最初の一味であり、続いてホッポとシュタエデリンという者がこれに続いた。スカウィウスは仇敵《きゅうてき》の目の前で鼠になって難を逃れることができるのだと自慢していたという。彼はグレイエルツによる公的裁判で処刑されたのではなく、私闘で敵に殺されてしまった。ボルストが推測するように、スイス同盟の拡大とも絡んで一四世紀末のこの地方における政治的不安定が私的復讐と自力救済の暴力的アナーキー状態を生んでおり、スカウィウスはその渦中にあったと考えるべきだろうか。

シュタエデリンは当地のラントフォークトであったグレイエルツが直接知っており、尋問にかけた「魔女」である。おそらくはそれほど裕福でない、しかしまた極貧でもない農家であり、複数の土地を耕していることから、乾草と穀物を同時に作っていた。経済的に安定していない状況の中で彼は隣人への妬《ねた》みを膨らませていったようである。とくにグレイエルツが取り上げて問題にしたのは、シュタエデリンが他人の畑から肥料や乾草や穀物の三分の一を自分の畑に密かに持ってくることができるとされていた点である。他人の畑の作物を自分のところに持ってくるというのは、しばしば聞かれる魔術嫌疑の代表であった。実際に何が起こったのかはおそらくその場合場合によって違うだろう。だが何らかの形で誰かの財産の損失があり、そしておそらくは盗みないし他人の財産の毀損《きそん》が問題になっていたことは容易に想像できる。シュタエデリンも雹や雷でもって隣人の家や作物に損害を与えることができるとされていたし、また彼は他人の馬に危害を加える魔術でも知られていた。山岳地帯での崖崩れ、雪崩《なだれ》、狼や狐の被害など、突発的な災害が流動的な経済状況と結びつくと、魔術による意図的な操作という疑いを生みやすかった。一五世紀前半に記録されているアルプス西部の裁判では、隣人間のもめ事が、魔法や呪いといった形で裁判の場に持ち込まれている。しかし民衆の中のこのような魔術の非難は、当局の職権的な司法の場にすくい上げられると、新しい側面を見せることになる。シュタエデリンは逮捕され、グレイエルツによって拷問を受ける。四度目の拷問でついに彼は自白した。その自白によれば、彼は原っぱで呪文を唱え、全悪魔の王を呼び出し、手下をよこしてくれるように願ったという。手下の悪魔が現れると、彼は四ツ辻で黒い鶏を空中に放り投げて犠牲として捧げた。すると悪魔は彼のために望み通りの害悪を仕掛けた。シュタエデリンの自白には古来の民俗的呪術《じゅじゅつ》的行為が含まれている（黒い鶏、地方によっては小羊を空中に放るのは、天候を左右する魔術として古くから知られてきた）。しかし彼の魔術は、すでに、呪文を唱えるとか、特別の液体を振りかけたりするような何かの儀式によって自動的に効果を生じるものではない。悪魔を呼び出し、これに懇願して力を授けてもらう、ないしは代わりに仕事をやってもらうという形をとっている。しかもシュタエデリンが拷問されずにおこなった自白では、悪魔の力の助けで起こされたこの雹嵐は、キリストの十字架の釘に祈ることで無害な雨に変わるのだという。シュタエデリン自身が自分の自白をどの程度まで信じていたかは分からない。しかし少なくとも自白の中では、魔術と対抗魔術はキリスト教の善悪の文脈に置き換えられている。グレイエルツがおこなった裁判は、俗界裁判官がおこなう異端審問という性格を見せている。しかし同時にそこでは隣人を魔法で害する害悪魔術が問題になっているのである。

『司教教令』

キリスト教の神以外の神々によそ見する者を罰し、あるいは説得する論理としては、これらを無視せよというのが、むしろ中世を通じてカトリック教会の主流の考え方だった。その代表が『司教教令（カノン・エピスコピ）』である。『司教教令』は、夜異教の女神ディアナや獣に乗って飛び、ディアナに奉仕すべきと信じる女性を論じて、彼女らはその不信心と弱さの故に正しい信仰からはずれ、悪魔に捕われていると難じている。ここではこうした空中飛行が現実に起こるとは考えられていないし、また悪魔との「契約」という観念も見られない。不信心者は「よそ見」をする者であり、悪魔はいつもこうした者を唆《そそのか》し、正しい教会から連れ出そうとする。悪魔の業は幻であって、信仰を堅くすることによってそうした幻影の誘惑から逃れられるとするのが、大方の教会の態度であった。その実際の成立には疑義が多く、偽書である可能性が高いものの、『司教教令』はグラティアーヌスやトマス・アクィナスによって認知され、権威的地位を確立していた。だから悪魔と結託した魔女の実在を主張する者は、何とかしてこの文書との折り合いをつけねばならなかった。

『司教教令』における女たちについて、どう解釈するべきか。彼女らの言明を肯定すべきか否定すべきかについて多くの意見が錯綜していた。『司教教令』のオーソドックスな解釈によると、夢や幻の領域は信じるに足りない無価値なものである。それを本当にあったことだと信じる者は不信仰の誹《そし》りを免れないが、そうした人々は魂の救済に与《あずか》れないだけで、少なくとも世俗の問題とはなり得ない。一五世紀の異端裁判の現場ないしその近くにいた知識人にとって、この解釈を乗り越えなければ、現実問題への対処ができないと考えられるようになってきた。『司教教令』が語っているのは、異教の根を引きずる伝統的な不信心者であるが、新しい異端である魔女のセクトは、後代になって新しくでてきたものだ。これが『司教教令』のモダンな解釈になった。ダクセルミュラーが言うように、従来からあった魂の救済の範囲、境界線をどこに引くかという問題とはまた別に、人文主義の時代をくぐってきた知識人には、自然に関する知識をどう体系づけるか、現実世界におけるその効果はどうなのかという、この時代の自然学的問題関心が大きな影を落としているのかもしれない。中世後期から現実と超現実との境目は曖昧になり、その境界が少しずつずれてきたようなのである。

『魔女への鉄槌』

魔女概念の登場を語る際に必ず通過しなければならない文献が、一四八七年に初版が出た『魔女への鉄槌《てっつい》』である。この本の成立や内容については日本語でも参照できるものがあるから、詳しい紹介はそちらに譲る。ここでは行論に関連する限りで触れておくだけにしよう。既述のように一五世紀におけるサヴォア、ドフィネ、スイス西部の諸地方では世俗権力によって実質的に新しい異端狩りが始まっていた。現実におこなわれている裁判を反映した形で教会知識人の著作物が相次ぐ。『魔女への鉄槌』はいわばそうした文献の総まとめ的意味を持っていたが、著者自身が述べているように、この本はそれまでの知見に何か新しい素材を付け加えたわけではない。ただこれまで異端と魔術について断片的に語られてきたものをまとめあげ、「魔女」というまったく独自の存在を前面に打ち出したところに意義がある。すでに一〇〇年余りかけて部品は出揃っていた。しかしそれを組み立てて一つの完成モデルを作ると、その設計図は次から次にコピーされ、世に知れ渡ることになる。モデルが一人歩きを始めるのである。

新しい魔女概念の意義は、悪魔崇拝と現実的な魔術の行使を結びつけたことにあるだろう。教会の権威に反抗する異端は悪魔を崇拝する背教者であり、悪魔の指図に従って害悪魔術、それも現実世界に影響をおよぼす魔術の実践をする。これらの結びつきそうで従来結びつかなかった諸観念を統合するのは魔女の「邪悪な意図」である。これを中心に据えることによってインスティトーリスは魔術の現実作用と異端＝悪魔崇拝という回路にバイパスを通し、全てを統合することができたのだ。

「邪悪な意図」の強調はまた、善悪の個人的選択に関する個人責任の強調にもつながる。近代西欧世界の基本精神ともなった個人の自由と責任観念の萌芽の一つをここに見ることができる。新しい「魔女」概念の成立は「責任」観念の形成の流れの中にも位置づけることができようか。魔女がおこなう悪行は悪魔の能力に依存しており、悪魔の活動は神の赦しの下にのみ可能である。だから魔女は悪魔に唆された悪魔の手下であり、『魔女への鉄槌』の魔女が持つ魔術能力は、自然魔術の操作能力ではなく、当然ながらキリスト教化されたものである。邪悪な意図をもって、自らの意思で悪魔と契約を結び、悪魔の力を借りて実際に害悪をおこなうところに魔女の本質がある。

この魔術をその現実的害悪という方向に重きを置いて解釈すれば、民間信仰における魔術観念とそれを前提にした世俗の刑罰法規に近づき、悪魔との契約を中心に置き、内心の誤りを強調すれば、異端という宗教的な罪に近づいていくことになる。魔女概念は当初からこうした二つの方向性を含みながら成立し、展開していった。だがそれはありありとイメージできる一つの人格性を持った犯罪概念として、その後長らく一人歩きしていくのである。

じつはその後の実際の魔女迫害の帰趨は、理論レベルでの論争で決まったのではなかった。各領邦や君主が魔女に対していかなる見解を持っていたかに大きく左右されたのである。「魔女」という観念の形はいったんできあがると固まった犯罪類型として、その舞台は俗界の司法へと移り、そこから先ではまた違った力学が働くようになる。それに加えて実際に「魔女」と接する立場にあった在地の農民たちの態度が大きく影響してくる。「魔女」観念は共同体の紛争を「魔女裁判」という形で解決する際の触媒の役割を果たすようになる。魔女狩りは政治的権力構造の問題になっていくのである。

大迫害時代

近世の刑事司法

中世の訴訟手続

魔女裁判の実際の進行を理解するために、多少遠回りでも中世と近世のヨーロッパ大陸における刑事裁判のあらましを述べておきたい。ドイツ、当時の神聖ローマ帝国では一五三二年に皇帝カール五世の刑事裁判令という法律が作られている。この当時の神聖ローマ帝国は領邦という小国単位でのまとまりが強くなっており、帝国法や帝国の裁判所は控訴の際などになお強い拘束力を持ってはいたものの、庶民が直接に接する法制度は、領邦や都市の法であり裁判所だった。だからカール五世刑事裁判令（カロリナ法典）も、その法規が直接に適用されるのは領邦の法規に該当条文がない場合に限られる。もっともほとんどすべての領邦はこの刑事裁判令の原則に則《のっと》った立法をするか、あるいはそうした立法技術や力量を持たない領邦は帝国法を直接適用していたのである。

このカロリナ法典は中世的な裁判原則と比較してみるとき、いかにそれが画期的だったかが分かる。中世の裁判はおおよそ次のような形で進行していた。傷害、殺人、窃盗など、今日でいえば刑事罰の対象になるような事件が起きた場合、その被害者ないし被害者の身内の者が裁判所に告訴せねばならない。この告訴がなければたとえどのような事件が起こっても、裁判は始まらないわけである。次いで被告はといえば、これは本来召喚を受けて自発的に出頭するか、原告が連れてくるべきものである。今日の民事裁判と同じく、原告と被告は完全に対等の立場に立っている。裁判官は両者の言い分を聞いて、判決を宣告するわけである。自分から職権で証拠調べをしたりはしない。実際の訴訟の進行も原告と被告、つまり両当事者に委ねられる。

両者は自らの言い分をより説得的なものとして提示する必要がある。その際用いられる重要な証明方法は宣誓であった。両当事者はそれぞれ自分の陳述に嘘《うそ》偽《いつわ》りのないことをまさに天地神明にかけて誓う。ここには言葉と行為の持つ呪術性が前提されている。偽りの宣誓をなした者には必ず不幸が襲いかかるはずなのだ。

もちろん人間のことだから、宣誓合戦だけで決着がつかないことも多い。そんな場合に備えてもう一つ別の証明方法も用意されていた。いわゆる神判である。焼けた鉄を握らせる、水に沈める、殺人事件の場合には死体の様子を観察するなど、いろんなやり方があったようである。中でも水審は後述のように民衆的魔女裁判の中で大きな意味を持っていた。また決闘も神判の一種と考えることができる。神判についてはすでに一二一五年のラテラノ公会議で聖職者がこれに関わることが禁じられていた。かなり早くからこれは迷信的だとされていたのである。

また判決の機能は何が正義であるのか宣告することであり、執行までが保証されていたわけではない。中世社会は基本的に自力救済の社会であって、紛争を平和裏に解決するという裁判の機能も、こうした社会状況に対応していたわけだ。暴力が国家的に独占されていないような社会で両当事者も周囲も納得させるためには、きわめて形式的な証明手段を用意し、また裁判所の役割を限定する必要があった。

新しい訴訟手続

ところがこのような中世的な法と裁判のシステムはしだいに、都市を中心にして変化を始める。ローマ法と拷問の導入である。古いゲルマン法は拷問を知らなかったが、中世末になって自白の意義が増すことで拷問も取り入れられたのだった。そしてカロリナ法典によって、帝国の刑事司法手続は中世型の当事者主義、弾劾主義から、職権主義、糾問主義へと大きな転換をとげた。中世の裁判のあり方と比較して、この刑事裁判令の特徴を簡単にまとめると次のようになろう。カロリナ法典では、司直が職権でもって被疑者を拘留し、さらに容疑事実を固めるための捜査をおこなうことが認められている。つまり裁判の開始もその後の証拠調べも、裁判官が自らの職権でおこなうことが想定されているのである。ただし古い裁判方式も随所にその名残りを留めている。裁判官が職権でもってする訴訟の他にも私人たる原告人の告訴によって裁判が開始されうるし、その際原告人と被告人は対等に扱われ、保証を設定し終わるまでは原告人もまた拘留されることが規定されている。

新しい刑事手続が中世のものともう一つ違うのは、事件の真相を糾明することが裁判の目的になったことである。むろん真犯人を明らかにし、正義を発見するということでは両者とも同じなのだが、「真相」の意味が異なっている。中世の裁判では総じて犯行の動機というのは問題にならなかった。重要なのは常に犯罪の結果の方であり、これは傷つけられた秩序をどう回復するかという発想につながっていた。新しい刑事裁判の原則では、イタリア刑事法学の影響を受けて、「徴表」の概念が用いられた。これは有罪と認めるべき証拠がどの程度まで揃っているか、疑わしさの程度を可能な限りその構成要素に分解し、その個々の要素の集積によって程度を判断しようというものである。たとえば被疑者の態度、彼についての悪しき風聞、同じ犯罪についての前科の有無、犯行に関連した現場に居合わせたかどうか、またその途上に目撃されたか、その時の風体はどのようなものだったか、同じ犯行を犯した者と付き合いがあったかどうか、動機があるとすればいかなるものか、被害者ないしその関係者から非難されたかといった要件が列挙されている。注目すべきことはこれらいちいちの徴表は機械的に合算されて、より強い徴表となりうることである。そしてカロリナ法典では拷問を適用するかどうかの判断にこの徴表概念が用いられたのである。拷問の目的は自白である。自白こそが「証拠の女王」とみなされた。

しかしながらこの証拠固めのスタイルで問題になっているのは、「誰が」「いつ」「どこで」「どのようにして」「なぜ」犯罪を犯したのかという問いなのだ。中世ではほとんど「誰が」のみが主要な問いであった。裁判がそもそも紛争解決を平和裏にしかも持続的安定的に制御するシステムだとしたら、実際これのみが必要条件であり、他の問いは十分条件ではあっても必要不可欠というわけではない。あとはシステムが提示する紛争解決方法が人々を納得させるだけの十分な説得力を持っていれば、それでこの裁判システムはうまく機能していることになる。「いつ」「どこで」「どのようにして」「なぜ」という問いが重要性を持つということは、これらが明らかにならなければ「誰が」の問いも完成せず、したがって紛争解決手段としての機能を果たし得なくなることを意味する。近世の刑事司法はまさにこの「犯罪の再構成」という新しい視点が出てきたことに意味がある。動機の追及はすでに別系統の裁判システムである異端審問で問題化していた。ここにおいて犯罪者の主観的動機が問題になるのである。

神聖ローマ帝国の中では領邦単位での権力集中が進行しつつあった。そしてこの新しい広域国家の世俗君主たちは、同時に神の代理人として地上における神の秩序の実現という任務を意識化し自己に課していたのである。この時代にはまだ後世のような犯罪者の個別的評価、矯正という視点は出ていない。平和の破壊者は烙印《らくいん》を押され、物理的に人間界から追放される。さまざまな死刑をはじめ、豊富な身体刑のヴァリエーションは、中世的発想を引き継ぐとともに、新しい広域的世俗権力による「見せしめ」としての効果を持っている。しかしまた徴表の定式化とその算術的合算、法定証拠主義は、後に啓蒙の立場からの批判を受けるとはいえ、当時にあっては疑わしさを客観的に同定し、むしろ被告人の権利を守る意義があったのである。

学識法曹とドイツの魔女裁判

「学識」の優位

ドイツの魔女裁判の特徴は、在地の裁判所がしばしば訴訟の遂行に十分な能力を持たないため、学識法曹の助言を仰がねばならなかったことにある。学識法曹というのは、大学でローマ法の素養を身につけた法律家のことで、この当時各地の都市参事会の法律顧問や宮廷官房の役人となっていた。ドイツでは中世以来の伝統的な法に基づく裁判は、判決発見人の流れを引く参審人によっておこなわれてきた。この参審人というのは一種の身分的な裁判官で、在地の名士である。その土地の実情に通じ、人々の法感情に合致した裁判をおこなうことが期待されていた。しかし近世には神聖ローマ帝国の各地で司法実務のローマ法化が進行する。ローマ法は技術的に洗練されており、慣習法を主体にした従来の法と違って、大学で書物を通じて学ばれるものだった。こうしたローマ法の知識を身につけた学識法曹が、至る所で従来の裁判官に代わり、司法実務の主導権をとるようになったのである。また後には参審人自らもローマ法を学ぶようになっていった。魔女裁判は当時の裁判官にとって正直なところ、かなり厄介で難しい事件だった。それというのも魔女犯罪は現行犯というものが存在せず、確かな目撃証言が得られないからだ。「魔女」という犯罪類型が知識人の頭の中に定着し、魔女の存在とその悪行自体は疑い得ないものだとしても、さて実際の裁判では目の前の被告が本当に魔女なのかどうかを判断する決め手は容易には得られない。現実の被害との因果関係を特定するのが難しいのである。

したがってその場合は訴訟書類送付による鑑定を求めるのが普通だった。この訴訟書類送付というのは、当時のドイツの法状況を反映した慣習である。ローマ法化が進む中で学識法曹の拠点にして養成所の役割を担ったのは大学の法学部であった。在地の裁判所は処理に窮するような難しい事件については、大学の法学部に訴訟関係書類一式を送って鑑定を仰ぐという慣習ができあがっていた。

魔女派遣委員

さて大学の鑑定であるが、ドイツ全体で見た場合、大学法学部が魔女裁判に対して何かある特定の見解を持っていたというわけではない。法学部の鑑定は個別の大学によって差が大きかったが、書類を大学に送付するという方法以外に「中立的な学識者」が政府官房に任命された派遣委員として在地の裁判所に出向くというやり方をとった領邦もあった。たとえばケルン大司教領である。この派遣委員は受動的に裁判所の照会に答えるだけでなく、自ら積極的に指揮をとって訴追を遂行した。ケルン選帝侯領のライン川沿いの地域だけで一六二七年以降一一名の派遣委員が知られている。ショルマンによって紹介されている極端な例が一六二〇年代から魔女派遣委員としてケルン選帝侯に仕えて恐れられたフランツ・ブイルマンである。

彼が活動した選帝侯領にラインバハという町があり、そこの参審人だったヘルマン・レーヤーは魔女裁判に反対し、アムステルダムに逃亡して、そこで一六七六年にラインバハでのブイルマンの活動を暴露した本を出版した。ブイルマンは一六〇八年からケルン大学で法律学を学び始め、選帝侯領ではラインバハのアムトマン（この場合は、地域官職の頂点に立ち、裁判権を持つ役人）であるシャル・フォン・ベルの強力な後盾を得て思う存分に腕を揮っていたのである。一六三一年にラインバハに到着すると、彼はさっそく魔女の噂のあった二人の女性を血祭りにあげた。三番目は気前よく慈善の寄付をすることで知られた裕福な女性であった。六〇歳を越えたこの犠牲者は、拷問の最中に死んでしまったが、その家からは多額の金が見つかって、ブイルマンたちの懐に入ってしまった。共犯者の名を言わせないように悪魔が来て首を折ったのだと、ブイルマンは参審人たちに説明したという。四番目は前の市長で裕福な商人でもあったヒルガー・リルツェン。高齢にもかかわらず一日中拷問しても自白せず、ブイルマンは翌日の聖体祝日の日にも拷問するという酷薄さを見せた。

そして第五番目は参審人ゲルハルト・ペラーの妻が標的になる。じつはブイルマンは彼女の妹に結婚を申し込んで断られていたのだった。それもとくに姉が強く反対してうまくいかなかったことをブイルマンは恨みに思っていた。参審人仲間の反対を予想した彼は、容疑者不詳ということで白紙の逮捕令状を出させる。最長老のヘルベルト・ラップが反対したが、他の参審人仲間が沈黙する中で、アムトマンを後盾にしたブイルマンの権威には抗すべくもなかった。ペラーは審理から外され、妻は拷問のうえ処刑された。参審人ラップもまた魔術嫌疑で投獄された。しかしあまりの無法ぶりにはさすがの中央官庁も黙視できなくなる。宮廷法院はブイルマンを喚問し、停職処分に付した。ラップに対する魔女裁判は一時停止され、ラインバハの裁判所書記も喚問されて、裁判記録のすべてと費用に関する収支決算書、被疑者のリストを呈示して説明を求められた。参審人は事実上審理から排除され、経理に関してブイルマンは完全に独断で決済していたことが、この調査を通じて判明したのである。しかし彼は先手を打って選帝侯に直接嘆願した。この一件の後、参審人への威嚇や白紙逮捕状など野放図な活動はできなくなったものの、それでもブイルマンは魔女派遣委員の地位に留まることに成功し、指導権を握り続けた。アムトマンの権威の後盾はあったにせよ、魔女を根絶せねばならないという大義名分に誰も逆らえなかった時代が生んだ結果だろうか。

彼の提案を受けた参審人団はいったん自分たちだけで形式的に協議して、結局その提案をそのまま認めるという機械的なプロセスが繰り返されていった。つぎつぎと下される死刑判決には「中立的な学識法曹の助言により」という文言が決まって入っていたが、ブイルマンこそがその「中立的な学識法曹」なのであった。先のラインバハでの裁判、しかも自分を拒否した恋人への復讐という私的動機が絡んだ裁判では、参審人ラップが利害関係のない学識法曹を呼ぶように提案した。ブイルマンは答えて曰《いわ》く「私が中立的な学識法曹だ。法学博士である。諸君らは私の助言を受け入れてしかるべきだ」。

魔女犯罪の倫理化

魔女裁判を批判する論調は一六世紀から存在したが、その論点は、⑴魔女の自白は信用できるか。⑵裁判の手続は適正なのか。この二点に大きく集約できそうである。

⑴の論点について、有名なのはヨハン・ヴァイアーであろう。魔術師との評判のあったアグリッパの下で学び、クレーフェ大公国の宮廷医として名を上げていたヴァイアーは、敬虔なルター派信者としての宗教的立場と医者としての臨床体験に照らし合わせて、魔女とされた女が尋問でおこなう供述に疑問を抱いていた。その『魔女論』の中で、老婆が拷問の末になす自白は悪魔の奸計《かんけい》に引っ掛かって幻を見た結果であり、信憑性《しんぴょうせい》に乏しく真面目に受け取ってはならないと主張するのである。しかし彼はもちろん「魔女」の存在自体は肯定しているし、問題にしたのはあくまで実際の裁判で被告とされている者についてである。その場合彼は精神的に不安定になりやすく、誘惑にも負けてしまう「弱い性」としての女性観を下敷きにしている。一般にプロテスタントは現世の不可思議に見えることが悪魔の策略ではないかということに常に用心していた。それに騙されてしまうと結局は神の罰を受けるから、慎重に判断すべきであるというわけである。魔女の自白を悪魔の奸計や女の弱さに関係づけていく議論は、ある意味でプロテスタント、とくにルター派の伝

統にもなっていた。自白の信憑性の問題は、空中飛行や悪魔との夜宴だけでなく、そこに居合わせた仲間、つまり魔女犯罪の共犯者の名前を信用できるかという問題と直接関わってくる。大量の魔女迫害の一つの原因として、拷問で共犯者を自白させ、そこから芋づる式に逮捕、処刑していくという構図があっただけに、この問題についての判断は魔女狩り現象の帰趨を決するものですらあったのだ。ヴァイアーの考え方はプファルツ選帝侯国で要職を占めた息子のディートリヒおよびヨハンネスに引き継がれていく。ちなみにプファルツでは魔女狩りはほとんどおこなわれていない。

ヴュルテンベルク王国の宗教改革を指導したヨハン・ブレンツも、魔女が実際に世俗的な害悪をもたらす力を持っているとする考えには否定的であった。魔女はたとえば嵐を起こして、作物に害を与えたことを自白する。しかし実際にはそんな力を持っているわけではない。悪魔は忠実な魔女の所にやって来て、かくかくしかじかの薬を調合すれば嵐が起こると吹き込んで、愚かな魔女はその通りにするが、じつは嵐は神の怒りの印であって、悪魔はそれを予想できる能力を持っているから、あたかも嵐を起こす方法を伝授するかのようにして魔女を騙すのである。それを真に受けて、自分が嵐を起こしたと自白する魔女こそいい面の皮である。このようなブレンツの見解は、その後も彼が拠っていたテュービンゲン大学の伝統になっていく。

高慢、貪欲、邪淫、嫉妬、怒り、怠惰、貪食という七つの大罪を戒めることは、カトリックの伝統的な道徳教育の基準であった。その基準は「隣人愛」である。宗教改革前のカトリック教化政策の根本は対人道徳にあったのだ。宗教改革はこの状況を確かに大きく変えた。人と人との関係に対して、神と人との関係を中心に据えるようになったのである。これに対応して魔女犯罪の解釈も大きく変わってきた。魔女が現実の害悪をもたらすかどうかという点については副次的な問題とされるか、むしろ否定的に解釈されるようになってくる。ここにおいて魔女の定義は内心の誤りを中心に据えることになり、その限りで異端の定義に再び近づいてくる。魔女が従来の異端と区別されるのは、たんに信仰上の誤りを犯すだけではなく、そこに自らの意思で悪を選び取ったという「邪悪さ」においてである。実際に嵐を起こしたか、人や家畜を病気にしたかが問題なのではない。そうする意図を持って、自由意思で悪魔の力を借りようとしたこと、その邪悪な意図だけでもって、魔女は死に値する犯罪者となるわけである。しかし魔女の本質をその内面性に求める態度は、刑事被告人としての魔女への対応に大きな違いを生むことになった。現実には何の力もないのだから、厳罰に処すことはない、せいぜい宗教的な改悛を命じれば事足りるとする考え方が一方に出てくることになった。これは結果的に魔女への寛容を生むことになる。他方で内面性の強調は、現実の悪行のいかんにかかわらず魔女への峻厳な刑罰をもってすべしという議論をも生み出した。その代表格はザクセン選帝侯国において「ザクセン法の父」「学識法曹の君主」とまで謳《うた》われたベネディクト・カルプツォフである。重要なのは魔女の内心の意図であり、たとえ何一つ現実の害悪をもたらしていないとしても、やはり魔女はその邪悪さ故に火刑に処すべきなのである。

手続を巡る争い

しかし全ドイツで見れば、魔女狩り批判の大きな力になったのは、「魔女」の存在に関する原理的な問いよりも、裁判手続が適正におこなわれているかという疑問の方であった。現実の個々の魔女裁判が、あるべき司法手続を著しく逸脱しておこなわれているのではないかという批判なのである。そして批判派が拠り所にするのは、カロリナ法典に集約された「適性手続」である。各大学の法学部鑑定でもこれが合い言葉になっていく。

魔女犯罪がきわめて悪質であるにもかかわらず証明が難しいことから、これを「例外犯罪」とし、それに対応して通常の訴訟手続には縛られない例外手続で裁くことを主張したのがペーター・ビンスフェルトであった。ビンスフェルトはアウグスティヌスに大きく依拠しながら悪魔との契約を魔女犯罪の中心に据える。魔法使いのあらゆる仕業は忌わしい悪魔との明示的ないしは黙示的な約束からその力と効果とを得ているのである。魔法使いは何かをしたいと思った時には、常に助力を得るために悪魔を明示的ないしは黙示的に呼び出す。ここにはすでに魔法使いがそれ自体の魔力を持つという発想はない。悪魔の力によってのみ魔女は魔力を持ち、悪魔との契約こそがその悪の根源であるという、完全にキリスト教化された魔女概念である。ビンスフェルトによれば、魔女は実際に葡萄畑を駄目にしたり穀物価格の高騰を引き起こしたりしているのに、その犯罪は秘密裏におこなわれ、まっとうな証人とて誰もいない。このような特殊な犯罪を通常の刑事手続で裁いていても決して成果はあがらない。彼はさらにいう。「……（魔女が）その仲間や同様の悪行、つまり魔女の悪行に加担した者の名前を自供したことは、拷問のための完全かつ顕著な徴表をなす」。魔女の自供に基づいた容疑者の逮捕、拷問が正当化される。例外犯罪には例外手続が必要なのである。

自白を迫る裁判官の誠実さ

自白調書に現れる魔女は先の尋問カタログに見るように、確かに荒唐無稽な存在である。あまりの荒唐無稽さにこれらはすべて妄想に囚われた裁判官がでっち上げ、拷問を使ってありもしないでたらめを無理矢理自白させたのだ、と考えるのが普通であろう。ではなぜ、そんなでっち上げをしてまで被告に冷酷無比な死を宣告したのだろうか。自白は支配権力とは相容れない何がしかの真実を含んでいると考えられるだろうか。ギンズブルクは魔女の自白の中にキリスト教によって悪魔化され、歪《ゆが》められる以前の異教的農耕儀礼の残滓《ざんし》を見て取った。ロマン主義的な文化フェミニストは、男性権力の支配的価値観と相容れない女性文化の存在を主張した。だが、もし単純に特定の社会集団や特定の信仰を持つ者たちを弾圧するのが目的なら、なぜサバトだの魔法だのを持ち出して、われわれにはおとぎ話としか思えないような罪をでっち上げたのだろうか。

初期の異端狩り、魔女狩りを通じて、一度「魔女」観念が形作られてしまうと、確かにそれは知識人にとっての理論的現実になった。裁判官は取り調べをする前から予断を持って「とにかく何が何でも自白を絞り出して焼き殺してしまえ」という態度で臨んだのだろうか。否である。カロリナ法典は裁判官が被告に対して予断を持って尋問することに強い警戒感を抱いており（五六条）、後述するトリアーの法令の中にも、被告について前もって詳しいことを知らされないように、との規定が見える。また誘導尋問は一般に禁止されていた。確かに尋問の際には弁護人が付かないことが多く、第三者によるチェック機能は働いていなかったとはいえ、裁判官が望んでいたのは真実を知ることであった。ごく一部に例外はいたとしても、裁判官はきわめて誠実にその職務を果たそうとしていたといえる。そうであればこそ魔女裁判は法律学的難問とされ、学識に自信のない裁判所はあえて費用のかかる鑑定を複数の宛先に依頼したりもしたのである。この誠実さ、そして神と人間への大逆罪を犯した者にさえ、魂の浄化と安らぎを願わずにはいられないこの人間性。これこそが逆に魔女裁判の冷酷さ、恐ろしさのゆえんでもある。裁判官は悪を憎み、真実を知ろうとしたからこそ、執拗な尋問を繰り返し、被告を悪魔の手から解放するための拷問を使ったのである。

下からの魔女狩り

トリアー司教領を中心としたライン・モーゼル川流域は、ドイツの魔女大迫害の一つのモデルを示している。その迫害の実態だが、一五九一年一二月八日に出されたトリアー選帝侯ヨハン・フォン・シェーネベルクの魔女裁判に関する法令がそれを理解するうえでの一つの手がかりになる。

法令に見る魔女狩りの実態

1　昨今魔女術の悪弊が広く蔓延《まんえん》しているのは憂慮すべき事態ではあるが、その裁判や処罰に際して少数の分子が煽動し、村共同体の中に「委員会（Ausschuss）」と称する騒擾《そうじょう》的な徒党を組み、有罪の者のみならず無実の者にまで多大の労苦と出費を課すという悪弊が広がっている。

2　魔術が関係する刑事裁判においては、カロリナ法典を訴訟手続、判決、執行のいずれに関しても遵守すべし。

3　委員会は、訴訟の間、原告にして証人となり、それどころかしばしば裁判官にすらなっている。その党派性のため貧しき臣民が極度の困窮に陥っている。このような委員会は廃止すべきであり、これに違反した村共同体にはしかるべき処罰をするべきである。

4　ある人物を逮捕したり拷問するのに十分な証拠が存在するならば、村共同体や個人はこれを告発してもよい。ただし事前にその旨を司直に報告し、かつなぜ告発にいたったのか、その証拠を揃えて司直に提出せねばならない。

5　その際、逮捕や拷問に必要な徴表が揃えば、司直自身かあるいは公平でとくに宣誓した公証人によって尋問がなされる。また告発者は保証人を立てることとする。

6　ある人について魔術の噂が存在するにもかかわらず、告訴人が存在しない場合には、司直自らが職権によって訴訟を開始すべきである。

7　先行する徴表、供述、法令なしには、何人に対しても逮捕、拷問、刑の執行をおこなってはならない。

8　拷問においても不法がおこなわれているが、その原因は刑吏が自分勝手な考えによって、証拠調べや尋問をなしているからに他ならない。刑吏が逮捕をおこなう際には、資格ある他の人物が立ち会わねばならない。さらに刑吏は拷問の際に聞き知った事柄を決して口外してはならない。また司直と裁判官は、処刑や拷問の際に起こった出来事については、正当なものを除き、沈黙を守らねばならない。

9　拷問の際には、司直の権限ある者が自ら、あるいは二人の参審人の立ち会いの下で公証人が、尋問項目を適正に取り扱わねばならない。尋問に際しては犯人ないしは他の被告について、詳しい事柄を知らされていてはならない。

10　処刑の時、処刑される者の悪行を朗読するに際して、その中にしばしば誰か他の者が名指しで言及される。こうした悪習のため、言及された本人が逃亡する結果ともなり、また一般の人々の間でも怒りや憎悪、口論、侮辱が引き起こされる。すべての官吏はこうしたことが起こらないように指示をおこなうべし。

11　多くの者が迷信的な占い、呪文を用いている。このような迷信は悪魔につけ込まれる危険を生むので、司直は事の真偽を確かめ、発見次第、法に則って裁判にかけねばならない。また魔術の嫌疑をかけられた者に対して、水審が広くおこなわれているが、こうした悪習は廃止されねばならない。

12　わが宮廷裁判所には下級裁判所での混乱について十分な報告がなされておらず、たいして重要でない事件ばかりがいたずらに送付されてくる。逮捕、拷問、判決が必要な同様の事件については、コブレンツとトリアーの両世俗裁判所に送付して、その判断を仰ぐべし。

13　裁判の遅延が当事者に経済的負担を生まぬよう、シュルトハイス（裁判を主宰する都市や村落の指導的官職）と裁判所は当事者に情報を与えるものとする。

14　裁判に伴い居酒屋での高笑飲食がおこなわれ、必要以上に経費が膨らむ傾向があるが、このような悪習は止め、裁判費用は法定するものとする。

(J.J.Scotti, Sammlung der Gesetze und Verordnungen, welche in dem vormaligen Churfürstentum Trier über Gegenstände der Landeshoheit, Verwaltung und Rechtspflege ergangen sind, vom Jahre 1310 bis zur Reichs-Deputations-Schluß-Mäßigen Auflösung des Churstaates am Ende des Jahres 1802. Erster Theil, vom Jahre 1310 bis zum Jahre 1700, Düsseldorf, 1832, S. 554-561)

一五九〇年前後は、ドイツで全般的に大規模な魔女迫害を経験しているが、ここトリアー大司教領でも激しい迫害の波に襲われており、この勅令はそうした中で出されたものである。ここには魔女裁判に関していくつかの興味深い慣習の存在がうかがわれる。まずは人々の間に、お上から迷信だとして退けられるようなまじない行為が広くおこなわれていたらしいこと。第二に、魔女を捕え、裁判にかけて処刑するまでの過程に、地域の中から選抜された特別の「委員会」と呼ばれる組織が関わっており、これが司直の職権による捜査、審理とは独立に告発と審理を担当していたらしいこと。これに関連するが、裁判の実際の経過を中央の君侯政府は十分に把握しておらず、在地の官庁や裁判所、また刑吏による独断専行があったらしいこと。そして第三に帝国立法であるカール五世刑事裁判令の手続が守られておらず、また水審など当時すでに迷信的だとされていた証明方法が、実際には採用されていたらしいこと。第四に尋問の際の記録については秘密が守られておらず、また共犯者の名前についても公然と語られていたらしいこと。そして第五に関係者の飲食代など、裁判費用の請求に不明朗な部分が多かったらしいことなどである。

一六三〇年に出された選帝侯フィリップ・クリストフ・ゼーテルンの勅令でも、やはり魔女裁判に際して特別の委員会が組織されていることが非難の対象になっている。この勅令はアムトマン、公証人、鑑定をおこなう法律家から、下は廷吏や刑吏にいたるまで、支払うべき費用を事細かに法定している。注目すべきは、この法廷手数料の表の中に委員会への支払いが明記されていることである。この「委員会」なるものは、どうやらお上の意向とは独立した出自を持ち、当局はこれに不信の目を向けながらも何とか自分の統制下に置こうと腐心していたようなのである。

村の委員会

ケルン選帝侯領の町レンスでは、一六二八年一〇月二八日にシュルトハイス、参審人、市長、参事会員および全市民の名において、魔女を捕縛尋問するための委員会が作られ、シュルトハイス、参審人、市長、参事会員の名において押印された文書が作成された。メンバーはフィリップ・アルデンホーフェン、ネリス・ブライトバハ、ペーター・メーゼラー、ヤコブ・シューラーの四名である。彼らは都市レンスの役職者と全市民に対して宣誓し、魔女狩りのための権力を委ねられて活動することを保証されたわけである。この活動のために要した出費は、全住民の財産を担保にして補填《ほてん》されると明記されている。トリアー選帝侯領をはじめ、ケルン選帝侯領、シュポンハイム、さらにはザール地方にまで見られる魔女狩りのための委員会は、通常このようにして結成された。ただ委員会が地域共同体の中で実際にどのようにして選ばれるのか、これについてはほとんど史料が発掘されていない。当局への宣誓という形で公式記録に姿を現わす時には、すでに委員会は事実上結成されているのである。この地域に広まっていた魔女狩りの委員会はお上と全市民に宣誓する形をとっているが、決して官製の組織ではなく、当局はその人選にも口出しはしないし、これを形式的に審査して統制下に置こうとしただけである。いずれにしても魔女狩りの委員会は全住民の声を代表するという立場で行動していたことは確かで、共同体の総意を背景にして強力な捜査の権限を持ち、また当局に圧力をかけることさえできたのである。

公権力としての委員会

カロリナ法典には魔術に関する完全な徴表、すなわち拷問のための事由となる徴表として、次のようなものが挙げてある。魔法を教えてあげると誰かに申し出るか、誰か他人に魔法をかけてやると脅し、それが現実に起こるか、魔法使いと特別の関係にあるか、魔法に使われそうな怪しい物を持ったり、怪しい態度を示したり、怪しい言葉を言ったりして、そのことについて噂を立てられている場合である。委員会の情報網は村人の生活の細部にまでおよぶものであり、村人同士の喧嘩、仕事場でのちょっとした会話、出産や育児の際の噂話、夜の集い、酒場での談笑、教会での人々の態度、病人の様子、家畜小屋等々、生活一切にわたる変事が情報源となった。さらには委員会が動いているという噂が立つことが、また特定の人への疑いを強めることにもつながっていった。

魔女が自白の中で共犯者の名を挙げた場合、どこまでその自白を信じるかというのは法律上の大きな争点だった。自白によって名前の挙がった共犯者への捜査も委員会が担当した。しかし委員会というのは本来裁判官ではないから、被告の尋問には立ち会えなかったし、また尋問に立ち会った裁判官、役人には守秘義務が課せられていたから、自白の内容がすぐに外部に漏れるということはありえないことである。しかし先ほどのトリアーの魔女法令を見ると、実際にはこうした守秘義務が守られていなかったと想像できる。そればかりか委員会は公的な裁判記録にアクセスする権限を公式に要求すらしたし、それが実際認められてもいたのである。一六〇三年のシュポンハイム伯領でのある委員会は、「当地において過去におこなわれ、現在おこなわれている魔術事項についての刑事裁判または論議に関し、……封印された信ずべき筆跡の記録や文書」を隣接する官庁から手に入れている。公式記録の送達と並んで、委員会は調査のために頻繁に旅行した。現地での情報の確認と噂の収集、当該地の役人との人的な接触と情報のやり取り、そして裁判の進行が思わしくない場合には、君侯への嘆願のためにも旅行は不可欠だった。どこで誰の名前が挙がったかという情報を提供し、通行証の発行に便宜を計ったのは在地の役人であり、役人との密接な協力関係があってこそ、魔女委員会の活動は円滑におこなうことができた。実際役人や裁判官と委員会メンバーとは酒場でテーブルを囲む間柄でもあり、事務案件の処理以外にもときどき酒を酌み交わすことは珍しくもなかったのである。魔女の告発は文書によってなされたが、委員会メンバーはたいてい法律文書を正確に読み書きすることができなかったから、その形式を整えた文書を作成するには、書記や公証人などの専門知識を持った者が必要となる。委員会はこうした専門家に金を払って実質的に雇っていたし、じつは法律家や文書作成の専門家にとって、魔女裁判という高級な事件に関わることは、自分の経歴に箔《はく》をつけることをも意味していた。バイエルンでは法律家の卵は一度は魔女裁判の尋問の様子を見学することが、すぐれた法的素養を養うこととして薦《すす》められてもいたのである。「犬がその気にならなければ狩りはできない」といみじくもある役人が言ったように、委員会とは公権力がその限界を越えて目的を達するための道具であると同時に、またむしろ狩人の方が犬に引っ張られていた様子が窺える。

委員会のメンバー

委員会のメンバーをたどれば、彼らが村の指導的な階層か、それに人的に近い関係にあったことが分かっている。シュポンハイム伯領ヴィニンゲンの委員会を例にとってみると、一六三〇年から翌年にかけて四人のメンバーが選出された。ハンス・クレーバー、ペーター・ホルヘマー、ハンス・ラインハルト・ミューデン、ペーター・ジークベルトである。実質的に取り仕切っていたのはホルヘマーで、彼は一六四二年にはジークベルトとともにフォークトの職を引き受けている。ジークベルトは後に市長にもなる。ミューデンは一六四〇年に参審人になるが、その七年後には妻が魔女として焼かれることになる。ミューデンもジークベルトも官職を得てからは魔女裁判には参加していない。とくにミューデンは一六四二年まで委員会メンバーとして尋問に立ち会ったりしてはいるが、彼の義理の母が魔女だとの証言が出てきたため、もう委員会にふさわしい人物ではなくなっていた。ジークベルトの方は一六四二年に一度だけ裁判に関わってはいるが、フォークトになってからは委員会の活動とは明らかに距離を置き、訴訟費用の支払に関して委員会が当局からお咎《とが》めを受けた時も、昔の同僚をかばおうとはしなかった。ジークベルトとミューデンに代わって一六四〇年にはヨハンネス・アルマースバハ、続いて二年後にはそれに代わってハンス・ゾップとホルヘマーの継子にあたるゲーベル・メリヒが入り、その後クレーバーが退いてホルヘマーの義弟のミヒャエル・リーフェンシュタインが加わった。この地で最後の魔女裁判がおこなわれたのは一六五九年だが、その時までにメリヒが退き、ヨナス・ダヴィッド・ホフバウアーという者がそれに代わっていた。

この間のメンバーはいずれも村の指導層に属するか、その親戚、あるいはゾップのように、そうした階層には属さないが、宿屋という仕事を通じて彼らと密接な人的関係があった者たちである。それともう一つの特徴は、その職務の重要性のわりにメンバーの年齢が低いことである。委員会メンバーに名を連ねた時、ジークベルトは二八、ミューデンは二四、クレーバー三二、ホルヘマー三四など、若くて行動力のある面々が揃っている。いずれも古株の参審人たちからは、一本気で融通のきかない連中だとして見下されていた集団でもある。そして経験を積んで地域の公職につくと、不思議と委員会とは距離を置くようになっている。委員会のメンバーというのは、村共同体の中で政治的に指導的な地位を占める家族かそれに近い集団から出ているが、経験の浅さ、年齢などから見くびられていたこともあって、ある種の鬱屈した感情を持っていただろうことは想像できる。

尋問のやり方

尋問のやり方についても、委員会は正規の訴訟手続の中に大きく食い込んでいた。証人を集める実質的な仕事を請け負う委員会は、公式の証人尋問の前からすでに自分たち独自の証人尋問をおこなうことがよくあった。当時の証人もその資格については帝国法で中立性を求められていた。被告と敵対関係にある者、芳しからぬ評判を持つ者、報酬を受けて証言をなす者（ただし証人に正規の証言料は支払われた）、伝聞のみに基づいて証言をなす者は不適格であった（カロリナ法典三一条、六三条以下）。しかし委員会が活動している所では実際に証人として登場するのは原告側の代弁者や利害関係者で占められることがきわめて多かった。また正規の証言料とは別に原告側から報酬をもらったり、賄《まかな》いの世話をしてもらうのが常態化していた。

ところで魔女裁判といえばわれわれは頑丈な塔に閉じ込められた被告が密室の中で拷問を受ける図というのを想像しやすい。しかし実際にはどこの町や村でも完備した牢を備えていたわけではないから、被告は、たとえば民家の一室や倉庫に幽閉されることもあった。逮捕された後に魔女が逃亡に成功した例が散見されるのは、もちろん手引きする者の存在もあるが、まず物理的に牢が貧弱だったせいもある。証人尋問も公証人の家、宿屋、場合によっては委員会の独断で、係属する裁判所の管轄領域の外でおこなわれることもあった。拷問もいろいろな場所でおこなわれた。というのも正規の拷問以外にも拷問があり得たからだ。法で定められた正規の訴訟手続の一環としての拷問は、その時間や程度について厳格に定められており、プロフェッショナルとしての刑吏が執りおこなう一種の儀式の様相を呈していた。被告には特別の食事を与えたり、拷問の前に聖別された水や塩を撒いたり

図２　拷問（シュペー『犯罪への警告』1632年）

した。しかしこうした正規の拷問以外に、公式の裁判記録には残らない実質的な拷問があった。被告を監視するのには二四時間役人を張り付けておくわけではなく、公式尋問の時以外は委員会がその任務を引き受けることがあった。夜の間被告を樽の上に縛っておいたり、火の側に縛って転がしておいたりすることで眠らせない「不眠拷問」というのがあった。職業的刑吏がおこなう拷問とは違って、こうした責め苦には書記が立ち会わないので、いちいち許可を求める必要もない。被告にとってはまさに尋問時以外にただ拘留されているということ自体がすでに一種の拷問に等しい状態だったわけである。

拘留中の被告には存外多くの人が接触できたし、実際聖職者も含めて被告にはしばしば訪問者があった。魔女裁判批判の書として名高いフリードリヒ・シュペーの『犯罪への警告』第二版に付けられていた拷問場面の挿絵では、窓の外に小さく、しかしはっきりと人が中を覗き見ている様子が描かれている。これはあながち想像や作りごとの世界ではなく、ごくありふれた拷問風景だっただろう。たとえばカステラウンのフリードリヒ・カイザーという被告には、宿屋でも拷問がおこなわれたし、証人の証言との不一致を修正するため委員会が誘導尋問をしたりもしたのである。これはお上による密室裁判というより、地域共同体による集団リンチにより近いといえる。

当時のドイツは中世の弾劾訴訟から近世の糾問訴訟への移行期にあたっていたことが、魔女裁判で大量の犠牲者を出した背景の一つに挙げられるだろう。カール五世刑事裁判令は犯罪者の告発に司直と私人と両方を想定しているし、紹介したトリアーの魔女裁判法令でもそうである。裁く側と裁かれる側が糾問訴訟では縦の関係にあるのに対し、弾劾訴訟では基本的には横の対等な関係にあると言い換えてもよかろう。ところが委員会が告発状を出しても、実際には被告の防御手段はあの手この手で封じられ、他方の委員会はほとんど公的な捜査、審理機関であるかのように、存分な活動をするのである。二つの訴訟原則は混同され、常に迫害する側に都合がいいようにねじ曲げられていく。村の委員会が関わる魔女裁判では、当事者の対等性という原則が確保されないのである。

訴訟手続の変質

一つはまず保証金の不平等である。カロリナ法典によれば（司直が職権で審理を始める場合を除き）被告人を拘留する際には、原告人も保証金を積まねばならず、さもなくば身柄を拘束される。ところが魔術事件に関しては被告にのみ一方的に保証金が要求されるようになってくる。一五九二年にシュポンハイム伯領のシェーファー・ゲヴェールはヴェントリンクを魔女として正式に裁判所に訴える。この時両者とも十分な額の保証金を積まなかったため、一時拘束されるが、ゲヴェールがそのうちに釈放されたのに対し、ヴェントリンクの方は拘留されたままであった。すったもんだの後に釈放されたヴェントリンクは、しかしその際帝国法で保証されている（無罪だった場合の）損害賠償請求権まで放棄させられている。

次に情報のアクセスへの不平等である。同じ争いで、ヴェントリンクはゲヴェールを名誉毀損で訴えたのに対し、ゲヴェールはヴェントリンクを拷問するよう求めて、ヴェントリンク側の書類の複写閲覧を要求した。一方、ヴェントリンクの側もゲヴェール提出書類の複写閲覧と、ゲヴェール側証人の名前を公表するよう要求した。しかし参審人裁判所とアムトマンは、ゲヴェールの言い分だけを認めてヴェントリンクの要求を拒絶し、一方的に拷問の決定を下している。刑事裁判については記録の閲覧はなじまないという説明がなされたが、じつはこれは明らかなカロリナ法典（七三条）に対する違反である。魔女裁判についてはカロリナが認めている当事者主義は古臭く、職権による訴訟の指揮がなされるべきだというのが、一六世紀の末には常識になりつつあった。本来弾劾訴訟では原告、被告ともに保証金を積んだうえで拘留を解かれ、自己の弁護に必要な活動をすることが許されている。しかしトリアー圏内の参審人裁判所の多数は、魔女裁判の被告は保証金を積んだとしても域外へ逃亡する危険があるとして、実質的に被告に不利な取り扱いをするように意見が傾いていった。

役人が弾劾訴訟の場合でも原告側に肩入れしていたことの影響は大きい。逮捕拘禁されてもなお被告は法に則って弁護人をつけることができたし、またその権利があることをトリアー地方では教えられるのが慣習にもなっていた。しかし実際に弁護人をつけて法的防御措置を取り得た者はごくわずかだった。理由の第一は費用の問題で、お金がないから家族で協議のうえ、拷問を選んだ被告も多い。

法的手続に則った正規の弁護人をつけようとしても、官庁はあの手この手で妨害することがあった。仮に弁護人をつけても必要な記録の閲覧を役人は拒むことがあったし、ひどい場合にはそもそも自己防御の措置を取ること自体が、心にやましいことがある証拠とすらみなされて、被告に不利な徴表に数え上げられることさえあった。

地域のコミュニティーの一員として、村の牧師（ないし司祭）の役割も大きかった。有罪になった時、生きたままの火刑か、絞首ないし斬首後の火刑になるかは、やはり被告の心理状態に大きく影響した。その決定の匙加減《さじかげん》は牧師の嘆願によるところ大だったから、それを脅しの材料に使うこともできた。魂の慰めを与えるべき聴罪牧師が「悪魔がお前の側に来て、お前を支配している。お前は明らかな魔法使いだ。（魔女の）ダンスの会場でも見られているんだぞ」などと一方的に被告を有罪と決めつけ、自白を促すこともあった。死後遺体をキリスト教徒として墓地に埋葬してもらえるかどうかも、ヨーロッパのキリスト教社会では大きな関心事だったから、これについても決定権を持つ牧師の影響力は大きかったのである。

ついでながら「拷問」というと、ナチスや戦前日本の特高警察の拷問のようなものを思い浮かべる人が多いかもしれない。しかしこの当時の拷問というのは現代史に荒れ狂う無制約な権力による政治的拷問とはかなり違う。拷問自体が正規の裁判手続に組み込まれているため、その手順や要件、程度には制約があった。通常はまず被告に拷問道具を見せて自白を促す。ついで道具を体に当てて、さらに自白を勧める。それでも自白しない時にははじめて実際の拷問に移るが、その前に上級官庁の許可が必要な場合が多かった。拷問の許可を得るためにはそれに見合った十分な証拠が揃わなければならない。あらかじめ犯罪別に法定された徴表なしに裁判官が独断で拷問の決定を下すことは許されない。また拷問は通常三回までしか許されず、三度の拷問によっても被告が自白しない場合は釈放せねばならなかった。拷問は被告が身の潔白を証明するための手段でもあったから、気丈な被告はあえて拷問を選ぶこともあるのだった。拷問とは裁く側と裁かれる側との対決の場であり、被告に残された最後のチャンスであった。これに耐え抜けば、無罪を勝ち取ることができるのである。魔女の疑いを受けた者にとって、拷問は神判の延長線上にある。それは裁く側にしても同じであった。手の込んだ儀式によって、拷問は一種悪魔祓い的様相を呈していたのである。

魔女裁判の経済

裁判というのは古来金のかかるものである。魔女裁判は証拠の判定が厄介なものが多く、そのための鑑定依頼をしたり、拷問適用の可否に上級官庁の判断を仰いだりするのにも、いちいちよその町まで伝令を飛ばさなければならないことが多い。拷問となると刑吏を雇ってやるのだが、小さな町では自前の刑吏を持たないことの方が多い。腕の立つと評判のいい刑吏の親方（この世界も一種の手工業組織なのである）を助手と一緒に呼ぶとなると、その日当、旅費など結構な値段になる。法的な助言をしてもらうと専門家への謝礼もいる。薪代《まき》、蠟燭代《ろうそく》、関係者の賄い、藁代《わら》など、ばかにならない費用がかかる。

このように裁判の中でもとくに魔女裁判は費用が嵩《かさ》むものなのである。いったい誰がこの費用を負担するのか。カロリナ法典では開廷のための費用、とくに人件費は原則として裁判所自らが支払い、また原告が被告人の食事や牢番《ろうばん》の手当としてある程度まで支払うことを予想している。が、基本的には各領邦ごとの立法に任されていた。魔女裁判で有罪判決を受け、処刑された者の財産を当局は没収して費用に充てたのだろうか。これは結論的にいえば、財産を没収した領邦もあるし、没収しなかった領邦もある、つまり各国で対応はばらばらなのである。同じ激しい迫害がおこなわれた司教領でも、バンベルクでは没収がおこなわれ、トリアーではおこなわれていない。被告の財産を没収してそれで裁判官たちが裕福になる、そして次の犠牲者を探してまた没収するという「金儲けのための魔女裁判」がおこなわれた事例は、前述ブイルマンのような特殊な事例を除いてはほとんどなかったと思われる。第一、大量迫害時代には被告の大半がその財産を没収してもなお裁判費用を埋め合わせできないくらいの貧しい人々だったし、上級官庁の査察がしっかりしているところでは、かかった費用以上の法外な収入を得ることなど不可能だったからだ。一言でいえば、魔女裁判は難しいばかりで費用もかかり、それだけでも裁判所は一般にこれを積極的にはやりたがらなかったのである。

当局としては最終的に裁判費用が自分にかかってこなければそれでいいわけであって、委員会に代表される地域共同体が、いかなる場合でも裁判費用をもつと約束することで、はじめて躊躇《ちゅうちょ》なく魔女裁判に取り組むことができたのである。ただし委員会も抜け目がなかった。カロリナ法典の規定では、審理において被告が拷問に耐え、釈放となった場合は、被告人は拘留中の自分の食費のみを負担すればよく、他の諸費用は原告の側の負担となる（六一条）。しかしこの原則は委員会主導の訴追ではほとんど無視されることになった。魔女として告発されると、無罪で釈放になった場合でもなお全費用を被告が負担することが当然のようにおこなわれた。敗訴の場合には委員会側も費用を負担するという保証をなしても、それはまったく形骸化していった。逮捕の時点ですぐに委員会は被告の財産を調べ上げ、財産目録を作ったし、また裁判費用の中には多分に委員会への報酬的意味合いを持つ項目が含まれていることがあった。選帝侯フィリップ・クリストフ・ゼーテルンの勅令はとくに委員会の専横ぶりを叱責しており、被告の親族に法外な費用が請求されて、困窮に陥るという悪弊が指摘されている。費用の額と支払先を細かく法定することで、魔女裁判の無秩序に歯止めをかけようとしたものだが、委員会への報酬もきちんと規定されている。それどころか正規の報酬だけでなく、委員会は自分たちが捜査や監視に携わっている間、各々その本業ができないから、「失われた労働時間」を補償してもらう必要があるとして、その分まで請求していたのである。諸関係先への立て替えや前払いや旅費の他、

魔女裁判の費用

内　訳	合　計
被告の拘留費用　1日18アルブス	21グルデン18アルブス
監視人の俸給　1日8アルブス(経費を除く)	9グルデン16アルブス
博士・参審人2人・書記各人1日あたり食事2回→したがって総計64回の食事　1回の食事代12アルブス	32グルデン
博　士	36グルデン
監視人の諸経費	9グルデン 6アルブス
記録の修正に要した経費	1.5グルデン
各参審人　1日1グルデン	16グルデン
刑吏による10日間の監視費用　1日2.5グルデン	25グルデン
絞殺に要した経費	15グルデン
鎖　代	1グルデン 4アルブス
廷　吏	4グルデン 4アルブス
酒庫管理人	4グルデン
裁判所関係者と牧師計18人，そのうち6人の食事代　1人あたり12アルブス	3グルデン

注(1)　Adolf Kettel, Hexenprozesse in der Grafschaft Gerolstein und in den angrenzenden kurtrierischen Ämtern Prüm und Hillesheim, in : Hexenglaube und Hexenprozesse im Raum Rhein-Mosel-Saar, Hrsg. v. G. Franz und F. Irsigler, 1995.

(2)　1627年のブランケンハイム村のマレイゲンという被告に関する請求書の一部．被告の逮捕から処刑まで29日間，そのうち審理には8日を要した．この当時牛1頭が，25～40グルデン程する．この裁判の費用は総計で210グルデン以上かかっている．なお1グルデン＝24アルブス．

日当という名目での旅先での飲食費、囚人の監視費用もそれにあたる。ヴィニンゲンで魔女として告発され、不眠拷問などを受けた土地の名士フリードリヒ・メリヒは、自分の監視費用として四二グルデンを請求された。不正請求だとして領収書の提示を求めて争った彼によると、委員会の監視といっても、必ずしも委員本人がいるわけではなく、樽につながれている間、子供が監視役だったりすることもあったという。

関係者の利害

このように民衆による下からの魔女狩りが「委員会」というような形に組織されていた地方では、形式的に弾劾訴訟の形を利用して告発するが、委員会は事実上公権的な存在として、被告の活動を制約し、職権的な捜査、証拠固めをしていた。では完全に伝統的な弾劾訴訟がなくなったかというと、そうではない。上級官庁の許可を要する事務も多く、いろいろと制約のあった当局の捜査に比べて、委員会は身軽だった。魔女狩りは通常魔女妄想に取りつかれた権力エリートや知識人がこれをおこなうというよりは、住民の中から要求が上がってくることが多い。費用もかかるし、鑑定だ、官庁との連絡だと難しいことの多い魔女裁判を裁判所は積極的に取り上げたがらない。魔女と一緒には暮らしていけないから、村人が大量逃散するかもしれないとか、魔女を焼かないのなら税を払わないといった、村共同体の脅しともいえるような強い要求によって、当局はやっと重い腰を上げるのである。村の委員会は公的な訴追に持っていくために、費用の支払いを保証したり、役人に代わって細々とした煩わしい仕事を引き受けた。在地役人の中に協力的な者がいれば、仕事はいっそうやりやすかった。

役人といっても一様ではない。貴族も官職に就き、その声望は高かったものの、もうこの時代は中世とは違い、出生身分の名誉だけでは中央官房の中枢で働くことはできなかった。市民出身でその学識と才能によって出世する人々が一方におり、彼らの武器はまず何よりも法律学の素養だった。それを売りにしてとりあえず在野の法律相談や訴訟の代理人の仕事をする者もいた。

当時のドイツ帝国内の領邦国家は、領土がいくつもの部分に散在しているものが珍しくなかったし、領邦国家自体も相続や併合、分割によって形や大きさを変えながら成長してきたのである。それだけにその内部での慣習は一様ではなかった。しかしよく統制のとれた領邦では、裁判の審級制もよく機能し、下級官庁の独断で重要な決定を下すことはできなかった。たとえば魔女の疑いのある者を逮捕するかどうか、拘留した被疑者を拷問にかけてよいかどうかは、いちいち上級官庁の許可を必要とする事項だった。多くの下級裁判所は、死刑判決を下す権限を持たなかったから、これは直接上級審の決定を仰がねばならない。また重要な決定の際にはたいてい専門家に鑑定依頼がなされたから、下級審の意図が直接反映しにくい仕組みになっていたわけである。

しかし中央政府の統制が末端まで及んでいないような中小国では在地の下級審レベルで独走し、歯止めのかからない魔女狩りにおよぶことがあった。ただそれにはいくつかの条件が必要である。普通は在地当局も本来的に魔女狩りに熱心でないのだが、官職を占める貴族が何らかの理由で上級官庁の介入を快く思わない場合がありうる。その土地の権力者ではあっても、中央政府での出世の望みがない場合は、むしろ自分の権限の範囲内で完結した裁判をやろうとする傾向がある。魔女裁判は問題が複雑で関連する業務も多く、自分の許認可権限を誇示するのには絶好の機会だったわけである。シュポンハイム伯領のアムトマンの一人であったツァント・フォン・メルルという人物は、悪魔学についてほとんど知識がないにもかかわらず、常に魔女裁判には積極的で、委員会や下級役人に指示を出すことで、自分の存在感を示そうとしていたのである。

また魔女裁判には、これに利益を見出す人々がいた。それは直接的な被告の財産没収という意味ではなく、書類の作成や捜査結果の鑑定等、仕事にありつける公証人やプロクラトール（裁判において当事者の代理を行なう人）といった人々であり、魔女裁判の訴追者はいい得意先でもあった。委員会も彼らのうち協力的な人を選んで仕事を依頼した。

一方、現地と離れた所に住む法律家は、尋問記録の書面を棒読みしてしまう傾向があった。下級裁判所での被告人尋問、証人尋問やその他の証拠書類は、上級裁判所に送られ、そこで審理されるとともに、大学などへ鑑定に回される。上級裁判所の学識裁判官や大学法学部のスタッフには現地の生の声は当然ながら聞こえない。彼らはすでに知識人の共有財産ともいえた悪魔学理論を手がかりに、その要件を満たしているか、そして形式的な手続に瑕疵《かし》がないかどうか、こうした点に集中して審理する。被告を拷問にかけたり有罪とするべき証拠も形式上揃っていればOKが出ることも多い。糾問訴訟の発展とともに、刑と証拠が法定化され、裁判が書面に記録されるようになり、書類の記載が重要視される。文書主義の進展がこうした傾向を副産物として生んだ。ところで村の委員会と中央官庁とは、一様に友好的ないしは相互不信の関係にあったと一般化しては言えないところがある。委員会を直接監督する立場にある在地当局の態度によって、委員会の対応も大きく違ってきた。在地当局が魔女狩りに協力的な場合、上部からの干渉は一般に嫌われたが、逆に在地当局と委員会とが対立するような場合には、委員会は上級裁判所に直訴するという方法をとることもあったのである。

マルガレーテ・ドライスの裁判

委員会の活動が活発な所でも、在地の役人がそれに協力しない場合もあった。先に紹介したレンスの場合、シュルトハイスであったS・ハーヘマーがマルガレーテ・ドライスという女性の裁判に関して、委員会と対立していた。ここは一六二九年以降ケルン選帝侯領となり、レンスの参審人裁判所はアンダーナハの上級裁判所の監督下にあった。委員会の捜査手法と被告の取り扱いに疑義を持ち、魔女狩り熱に水を差したのがハーヘマーである。マルガレーテを含む四人の女性の逮捕許可願いが一六二九年に委員会から出されていたが、理由が不十分だとしてアムトマンにより却下されていた。マルガレーテへの容疑は義理の息子の供述とすでに処刑された魔女の自白のみに基づくものであった。その後別の魔女がマルガレーテを共犯だと自白することによって、ようやく逮捕命令が下ったのは、同年一二月四日。「選帝侯ケルンの都市レンスの委員会の事項につき、また全共同体の名において、マルガレーテ・ドライスおよびエリザベート・リンカーに対するこの告発は、あらゆる提出物、徴表、情報により正当と認められ、わが慈悲深き選帝侯領において魔術の風評のありたる両名を逮捕し、適正に尋問さるべし」。逮捕命令はこう記している。参審人の妻でもあったマルガレーテは当時五〇歳ほど。再婚だが夫の地位からしても、また親戚関係からも、町の上流階層に属していた。まだ前夫が死ぬ前、彼女はハーヘマーの子供の代母役を引き受けている。

継子のペーター・パウル・ドライスは、実母が死んだ直後に父がマルガレーテと再婚した時一一歳であり、新しい継母に対する屈折した感情があっただろうことも想像できる。証人の中立性が形式的にせよ求められていたから、ペーターも継母に敵意は持っていない旨誓約しているが、しかし彼は「マルガレーテが自分のことを嫌っているのを知っている」とも発言しているのである。そして彼は、魔女の処刑がおこなわれるようなら自分の母は荷物をまとめて逃げ出すつもりだと証言している。これはマルガレーテが魔女裁判に神経質になり、怯えていること、つまり彼女が魔女であることを匂わす証言となっているのである。彼女の二度目の夫つまりペーターの実父もすでに死んでいたが、「死んだ父クリスティアン・ドライスは一年以上も病気で臥せっていたのですが、彼は母に言いました。『マルガレーテ、人々は言っているし、噂になっている。お前は私に病気をかけたと。そしてお前はそれをやった。知っているだろう。頼むから再び（病気を）取り除いてくれ。私は心から（お前を）許す』。これに対して母は答えました。『いいえ、私はそんなことしていませんよ。もし私が私の善行でもって貴方を救うことができるのなら、私はそういたしましょうけど』。その後沈黙があって母はドアの方へと出ていきました」。同じく継子のマルガレータも委員会の報告によれば、継母に不利な証言をしている。彼女は地下倉で鍋を見つけたが、その中にはヒキガエルが入っていたと。

ハーヘマーはコブレンツの法律家コッホに依頼してマルガレーテの保釈に奔走したものの功を奏さなかった。しかし被告人尋問のための証拠が足りないとして委員会にさらに証拠の提示を求める。翌年一月九日に委員会はマルガレーテのために膝《ひざ》を麻痺《まひ》させられたり、妻が不機嫌にさせられたりしたと主張する証人を集めてきた。尋問でマルガレーテは容疑を否認し続ける。ハーヘマーは二人の参審人とともにアンダーナハに赴いて、裁判の進行が遅れているのは委員会が十分な証拠を揃えてこないからだと批判した。またマルガレーテの親族も裁判の遅延とその間の出費について苦情を申し立てた。

魔女の印

これに対して委員会は二人のメンバーをアンダーナハの上級裁判所に派遣し、ハーヘマーの方針でコブレンツの法律家が雇われており、このため費用が高くついていると苦情を申し立てた。「われわれ宣誓した委員会は、あたかもわれわれが裁判遅延の原因であるかのような戯《ふざ》けたことをあらゆる市民から聞き及んでおります」。代わりにアンダーナハから専門家をよこしてもらい、裁判を迅速に片付けたいと嘆願している。アンダーナハの上級裁判所は、レンスに裁判を急ぐよう警告を発した。さもないとレンスでは民衆感情が抑えきれなくなって、騒擾に結びつくことを恐れたのである。委員会はレンスもアンダーナハの当局も飛び越えて、ボンの君侯政府に直訴する構えを見せたため、面子《メンツ》が潰れるのを恐れたアンダーナハとしては、それだけは防ぎたかったわけである。

マルガレーテとエリザベート・リンカーの拷問が上級裁判所によって認められたのは一月も末であった。同時に尋問の具体的なやり方もレンスの裁判所に指示している。しかしその指示の中にある「魔女の印」を検査して証拠とすることにはレンスが難色を示した。「魔女の印」とはいうまでもなく、魔女の体にある特別の部分で、悪魔によってつけられたものである。ここは突いても痛みを感じないのが特徴とされる。とくに陰部に隠されていると信じられ、その検査には被告の体毛を剃り上げて針を刺すという、いかにも後世で俗受けしそうなグロテスクかつサディスティックな魔女裁判の光景が展開するわけである。この「魔女の印」をどう見るかについては当時の裁判実務の中で争いがあり、どちらかといえばこうした検査は迷信に属するとして、証拠として採用しない所が多数であった。しかし当時のケルン選帝侯領では支持されていたようである。別の事件になるが、アンダーナハの上級裁判所は、ケルン選帝侯の意向に沿って、被告人の全身を剃り上げ、「魔女の印」の検査をするよう指示した。レンスの裁判所はしぶしぶ刑吏に命じてこれをおこなった結果、確かにそれらしいものは見つかったが、「われわれの同席のもとで刑吏は針をほとんど半分ほど刺して、痛みを感じない箇所を見つけました。しかしそれは真に起こったことではなく、やや表面の方の皮膚にくっついているだけで、胴も背中もそうでありました。刑吏が手を離すと、針はそこから落ちようとでもするかのように皮膚にぶら下がりました。さらに額にも突き刺しましたが、ある箇所は出血し、ある箇所は出血しませんでした。同席した三人の参審人はこれについて疑いを持ち、正しい試験だとは考えておりません……これらの事柄から言えるのは、（魔女の印の検査は）適正な試験ではなく、人々があざ笑い、馬鹿にしているように、信じようとする者には信じられるといった類のものなのであります」。レンスのシュルトハイスが書き送ったように、むしろ地元の裁判官は、「魔女の印」といった魔術的な発見法について懐疑的であった。

せめぎ合い

ハーヘマーはあらゆる手段を尽くして時間を稼ぎ、告発に対して反対証言をなす証人を用意できるからと、マルガレーテに防御の機会を与えようとした。クリスマスの時期には例外的に温かい市庁舎に身柄を移したり、なお防御の時間を与えてくれるようアンダーナハに手紙を書いたりもした。ハーヘマーが被告と近い関係にあったことが、おそらくはその擁護の態度と深く関係していただろう。やはり特別扱いの感はある。ただし委員会メンバーの一人メーゼラーも自分の三番目の代母をマルガレーテに頼んでいるから、それだけでは判断できないであろうが。

アンダーナハの上級裁判所は専門の派遣委員を送ることを約束していたが、これは本人が多忙ということで結局実現せず、レンスではシュルトハイスと委員会とが調停者なしで対決せざるを得なくなった。二月一一日の嘆願書で委員会は、ハーヘマーが事実上自分たちを閉め出して事を進めていること、マルガレーテにはいつまでも拷問がなされず、拷問許可が下りたことすら知らせてもらえなかったことなど、ハーヘマーへの不満を書き連ねている。委員会が尋問のやり取りを他人に口外してしまうということが、彼らを尋問から排除する理由の一つでもあった。委員会はこの非難に対しても、反論を試みる。「われわれがあたかも知り得たことを一般の人に喋ってしまうなどと誹謗《ひぼう》する人々は、それを証明するのが難しいでしょう。そのような秘密の漏洩《ろうえい》に対しては警戒してきましたし、われわれはそれを必要とあればたやすく証明できます」。

さらには逮捕されている他の親族から嘆願書を出させ、裁判が長期にわたっているのはマルガレーテのせいだから、他の容疑者に関する費用もマルガレーテの財産から支弁すべきだ、と主張させた。費用の節約と親族の困窮を理由とした裁判の迅速化は、各地の委員会が好んで持ち出す主張であった。その意味するところはもちろん速やかな拷問、速やかな処刑である。確かに早く決着をつけてほしいという気持ちが家族に芽生えるのも無理からぬことだった。実際裁判が長引けば、拘留されているだけで多額の費用がかかってくる。これは家の財産を食い潰してしまう重大事なのである。家政を守るために、いったん家族が逮捕されたらむしろその速やかな処刑を望む者は少なからずいた。夫婦仲が悪かったわけでもないのに、逮捕された妻のために弁護活動をしようとはせず、いったん保釈されても自宅に入れるのを拒んだ夫の例なども報告されている。一度逮捕されたら助かる見込みのほとんどない魔女裁判というものが生んだ悲劇であろう。アンダーナハのシュルトハイスはこれ以上裁判を引き延ばすと騒擾が起きることを心配して、四人中二人の処刑はやむなしとの判断をレンスに伝えた。一六三〇年三月一日にエリザベート・リンカーとマリア・ファウストは剣によって処刑された。

六日には今度はマルガレーテがいよいよ拷問を受けた。しかし彼女は自白しない。九日に再度激しい拷問がおこなわれた。「まず最初に指締め器のねじを締めた。大きな叫び声。『何も知りません』。高い声。『おお、私の哀れな無実の血よ、私のこの体よ。イエス・キリストが私の側に居給う。何かを知っていたら、喜んで話しましょうに！』……床から高く引き揚げられる。悲壮な声。『何も自白することはありません！』……さらに床から引き揚げられる。まだ自白しない。……『私が何かを自白したなら、私の魂から至福が失われます』。大声で叫ぶ。『おお、私の無実の血』。さらに引っ張る。叫び。『そのことについては何も知りません』。最後に……補助なしで拷問台の上にぶら下げたまま、刑吏が彼女の足を紐で縛り、その間に棒を差した。刑吏は両足でその上に立ち、被告につかまり、棒のうえで飛び跳ね、足踏みした。一、二度続けておこなった。高く悲痛な声の叫び。『どうか下ろしてください。真実を自白します』。最初に彼女に説いて聞かせる。『どのようにして誘惑されたのか話しなさい』。しかし（彼女は）後には一切自白しようとしない。『自分は生涯誘惑に乗ったことなどありませんし、悪いことを教わったこともありません』」(Ingrid Bátori, Schultheiß und Hexenausschuß in Rhens 1628-1632. Zum Ende einer Prozeßserie, in : Gunther Franz/Franz Irsigler (Hrsg.), Hexenglaube und Hexenprozesse im Raum Rhein-Mosel-Saar, Trier, 1995, S. 213)。

こうして拷問にもついにマルガレーテは自白せず、委員会は狼狽《ろうばい》した。しかしこのころすでに委員会メンバーの内部でも魔女狩りについて仲間割れが生じていた。委員の一人ヤコブ・シューラーは、三月一日の二名の被告の処刑の日に、委員会が他地区の委員会と合同で宴会を持った時、「俺たちはふさわしくない人間を処刑台に送ってしまった」と発言して物議を醸《かも》しているのである。

一方、その後もハーヘマーは委員会への批判をアンダーナハに書き送り続け、牢の鍵も委員会から取り上げた。アンダーナハの上級裁判所も拷問のやり方について叱責し、マルガレーテの釈放を決定する。三月一八日の裁判集会でハーヘマーは上級裁判所の決定を伝え、委員会にもそれを呑むよう要求した。委員会はこれを拒否し、ボンの選帝侯に直訴する構えを示す。マルガレーテを市庁舎に移送するようにとの命令に対して、「彼らは答えた。『そんなことは今日はやらない。明日もやらない。明後日もやらない。われわれは自白するまで被告をずっと塔に監禁しておくつもりだ』。彼らは市庁舎から反抗的な態度で出て行った」。思いとどまるようにとの説得も彼らは聞き入れなかった。こうして委員会抜きの裁判官たちは揃って塔へ出かけ、自力ではもう歩くこともかなわぬほど弱っていたマルガレーテを市庁舎へと連れていったのだった。彼女は名誉回復がなったわけではなく、仮釈放の身の上だった。それでも彼女が泣いて、自分のものすべてを保証に差し出すと約束したのは感動的である。委員会ははたして翌朝ボンの君侯政府へと向かった。実際に委員会がボンへ行ったかどうか、またその後どのような行動をとったのかは伝わっていない。ただし最後に付け加えれば、マルガレーテはその一五年後に魔女として処刑されているらしいのである。

儀礼化された闘争

疑惑の始まり

さて自分の災難に魔法が関係しているのではないかと疑うと、今度は誰の仕業か突き止めようとする。魔女の発見に定評のある呪術師《じゆじゆつし》に相談することが多い。村の近在には専業の呪術師らしき者もいたが、病気の治療や水晶占い、動植物を使った占い、紛失物の発見、悪霊や魔法の除去などの活動を業とする者はむしろ富裕な農民、宿屋、参事会員、参審人、商人、手工業者など幅広い階層から出ており、たいていはある程度文字を読める程度の教養を持って、副業としてやることが多かった。これらの魔術師はしかしながら当局からは胡散臭《うさんくさ》い存在と見られていた。彼らがなす占いは、裁判所での証拠としては採用されず、占いに基づいて誰かを訴えようとした者は逆に処罰された。魔女狩りの時代は同時に初期啓蒙の時代でもあり、迷信を斥けて合理性を求める精神が強かったことは忘れてはなるまい。占いによる魔女の特定ははずれた場合のリスクが大きい。さしたる根拠もなしに相手を「魔女」呼ばわりすると、場合によっては本人が嘘つきとして村八分の対象になりかねない。さらに名誉毀損で訴えられ、自分の主張を証明できなかった場合、当局も誣告《ぶこく》の罪は重く罰していたから、自分が追放刑になるかもしれない。だから人は誰かを怪しいと思っていてもそれをすぐ口に出すことはしない。

しかし大学教育を受けた医者の理論は、その壮大さに比べて実際の治療効果ははなはだ疑わしいものであり、民間で活動していた治療師たちが持つ経験に密着した説明枠組の方が、一般には信頼性があった。誰かの魔法に原因を求めるというのは、治療師にとっては既知の説明枠組とは違う要因を持ち込むことである。彼らはよほど奇妙な病状や死に方でない限り、通常は病気の原因を自分が持っている説明枠組の中で処理しようとした。合理的に説明できない場合、治療師は患者が自分の処方に従わなかったから病気が続くのだ、と患者側に責任を持っていくことも多かったのである。ロレーヌ地方の裁判記録を調査したR・ブリッグズによれば、魔法を原因に持ち出すのは、むしろ患者や家族の方だったようである。治療師はそれに引っ張られて納得のいかない病状に「魔法」という患者側が用意してくれた逃げ道を利用する形になっている。だがそれでもこの逃げ道は十分魅力的であった。

呪術師はまず顧客が誰を怪しいと思っているか探りを入れ、たいていはそれに沿った解答を与えて、「ああ、やっぱり」と思わせるのである。レムゴーの町に住んでいたクラウスという呪術師は目を患ったシュトレという顧客が相談に訪れた時、帽子をかぶらずにカタリーナという女性から遠ざかるよう、意味ありげな忠告を与えた。じつはクラウスはシュトレがカタリーナの所に泊まったことをすでに知っていたのである。もし顧客が誰を疑っているのか事前の情報がない場合、特定の名を挙げることを避けて、漠然とした言い方をする。誰が魔女か教えてほしいという顧客の家では、自分が指を濡らして家を出ると、それが乾く前に容疑者が分かるだろう、と言って、すでにとかくの噂が立っていた隣人の方に注意を向けさせるのもテクニックの一つであった。誰が魔女かは「本人が一番よく知っている」というのは、呪術師だけでなく、裁判での証言で、誣告のリスクを回避するため、一般の証人もよく使った言い方である。呪術師は疑われている者の社会的地位や親族関係、どれくらい噂が広まっているかを考慮に入れ、こういうやり方をすれば魔女を呼び寄せることができると示唆することが多い。そういう意味で、なお不分明な疑惑の渦に少しずつ一定の方向づけをしていくのが彼らの仕事なわけである。

さしあたりの沈黙

さて呪術師の介在もあって、特定のだれそれが自分に魔法をかけたという確信を持っても、それですぐに告発して魔女裁判が始まるわけではない。じつは魔法の疑いに始まって告発、裁判、そして死刑（時には釈放）という形で決着がつくまで、疑っている方と疑われている方とは、さまざまな心理的駆け引きをしている。そのつどの局面で双方が取ることのできる選択肢は必ずしも一つだけではないのである。こいつが魔法をかけたに違いないと思っても、よほどの根拠がない限りひとまずは黙っているのが賢明である。相手は魔法を使う者であるから、下手に出れば逆恨みされて、何をされるかわからない。とくに相手の社会的地位が自分より高く、味方する者が大勢いると予想される場合には事を荒立てない方がいい。具体的に名前を挙げないで、周囲にあの手この手で仄《ほの》めかすことがよくおこなわれる。噂の始まりである。しかしおかしなことに、さしあたり相手とのつき合いはごく普通にやっていることが多い。魔女だと疑われている女性が家を建てる時には村中の誰もが手伝いをする。魔女のせいで自分の牛が乳を盗まれてしまったと疑っているその本人が、当の魔女からバターを買ったりする。こういうことはありふれたことであって、そうやって魔女とごく普通につき合っている人々が、やがて告発したり告発側の証人に立ったりする。当然被告の弁護人からはその点を問われるのだが、魔女に借金があったからだとか、いろいろな言い訳をするのが普通である。こういう場合、噂されていることを当の本人だけが知らず、随分と時が経ってから知った時にはもう告発、逮捕の寸前だったということがよくあるのである。復讐への恐れ、経済的打算、当局への慮《おもんぱか》りなど複数の要因が絡んで、人々は時には矛盾した行動をとることになる。

嫌疑を伝える

さて疑いをより強固で客観的なものにするためには、相手に伝えてその出方をうかがうのが一般的であった。それも直接面と向かっていうのではなく、誰かを相手の所に使いにやって、「お前さんは魔女だと疑われているよ。潔白だったら対抗して何か防御手段をとらなくっちゃね」と伝えるのである。使者は当人に魔女嫌疑と非難のニュアンスを伝えると同時に、防御を勧めることで相手の立場にもなろうとする。ヒンリヒ・ヘルツォークは、隣人のイルシェ・クリスホルを魔女ではないかと疑っており、人物を遣わして「お前さん、魔女の非難には自己弁護するか、彼へルツォークの農場から離れておくこったね。そうでなかったら、彼はあんたを石で打ち払うつもりだよ」と告げてもらうのである。自己弁護というのは、名誉が最高の価値である社会では重要なことだった。中傷に対しては黙っていないで積極的に潔白を証明することが期待される。黙っていることは、相手の非難を認めたことになるからである。

魔女であると疑われている人間にとって不利なのは、噂の初期段階では本人も知らないことが多く、有効な手を打てないことにある。喧嘩の中で売り言葉に買い言葉で「魔女！」と言われただけなら、同じように相手のこともそう呼んでやればいい。「この魔女！　お前は俺の馬を傷つけたろう」と言われて、アネケ・テレケのように「お前さんは私の尻を舐《な》めたいのかい？」と気丈にやり返すことが、妙な疑惑を広めずに立ち消えさせる有効な手段なのである。相手を無視することが有効な場合もある。ところが、本人が知らないままに噂が広まってしまい、面と向かって言われた時にはもうどのような反応をしても、噂を裏書きするだけということも多い。黙っていると本人も認めたのだと思われるし、反論すると、あんなにむきになって弁解するのは、やましい所があるからに違いないと思われる。また噂というものは噂されること自体がその内容の確実性を保証するものであり、それはまた告発や証言で「皆が噂をしていること（Gemeine Geschrey）」が告発の真実性の根拠として非常によく持ち出されることからも裏付けられる。

疑惑がいよいよ強まってくると、面と向かって魔女呼ばわりすることになる。前述アネケ・テレケはヨプスト・マールスという男から、自分の病気は彼女が魔法をかけたせいだと疑われていた。アネケがヨプストを見舞った時、彼は「お前さんは俺の腕から（悪いものを）また取り除いてくれるのかどうかね。もしお前にその気がないんなら、俺はお上の所に行って訴えてやる」と言っている。ここに表われているのは、魔女に対する二律背反的な感情である。魔女は自分に悪い魔法をかけたのだから、それを取り除くことができる一番の適格者は、やはり魔女をおいて他にないという理屈である。アネケは相変わらず強気であった。「何もしてないいんだから取り除くなんてできやしないよ」。前述ヘンリヒ・ヘルツォークの娘アーデルハイト・ヘルツォークは、グローテ・グレーネという女性からもらったさくらんぼを食べて病気になったと思ったが、グローテからどうしてそんなに顔色が悪いのかと聞かれて答えている。グローテにもらったさくらんぼの実を食べて病気も一緒に食べてしまったのだと。「でもあんたの技が必要だわ。だって苦しみを与える人は、それをまた取り除くことができるって聞いたんだもの」。

挑戦と応酬

喧嘩の最中に口が滑って「魔女！」と口走った場合は除いて、はっきり言ってこの段階になると、もはや両者の全面戦争である。当人の家の外から「出て来い、魔女！」と叫んだり、石を投げ込むといった行為が最も一般的な挑戦のやり方であった。ただここで注意すべきなのは、それはあくまでも「挑戦」であってたんなる「いじめ」ではないことである。つまり「魔女」と名指すことで相手の反撃を見定めようという態度は消えていない。汚く罵ったり場合によっては暴力をふるう時でさえも、相手の出方は注意深く観察され、適切な仕方で自己防御することが期待されている。牛に魔法をかけられたと思ったある兄弟はシュトゥバー・グレートゲの背中に激しく石を投げつけた。「この老いぼれ魔女、俺たちの牛を元に戻せ。お前が牛に魔法をかけたんだからな」。シュトゥバーはその後で石を投げられた跡なんか残っていないよ、と強がってみせた。しかしこの反応は、逆に彼女が不可思議な力を持つ魔女だと、周囲に信じさせる結果になったのである。

水審

疑われている者は常に弁明が期待されているとはいえ、噂が公になってしまってからではすでに手遅れのことが多い。共同体の大多数の者がその噂を信じるような情勢になってしまっているからである。このような場合、疑われた側が一発逆転の手段として頼るのは水審《すいしん》である。水は清く正しい者を受け入れ、邪悪な者を斥けるという信仰から、犯罪の疑いのある者を水に沈めて浮けば有罪、沈めば無実という試罪法は、非常に古い時代から法慣習として知られていた。一四世紀の法書『ザクセン・シュ

図３　水審（17世紀）

手と足を縛り，すぐ引き上げられるようにロープをつけている．

ピーゲル』の絵入り写本にも水審の様子が描かれている。魔女裁判での水審といえば、受身で哀れな被告を裁判官が水に入れて試すようなイメージがあるかもしれない。しかし、実際には疑われた側が自分の潔白を証明するために持ち出してくることが多い。一六六四年のリッペ伯領のある村の役人の報告によると、前年ある女性が「自らやって来て、彼女は当地の人から魔女の疑いを受けているので、その疑いを晴らし、自分の潔白を明らかにするため、水審が許可されることを恭《うやうや》しく嘆願した」。水審で黒という結果が出た場合、かかった費用は支払うから、願いが許されるまでそこを動かない。そう言い張った彼女の訴えに、役人の側も困惑したようである。水審はもちろん遠い過去の時代から続いてきた神判の一種であるが、もうこの時代には有名なラテラノ公会議での神判禁止の決定からも数百年経っていて、公式には裁判での証明方法としての水審は、ほとんどの所が迷信として否定していた。ごくわずかな例外がリンテルン大学とその鑑定の影響下にあったリッペ伯領である。しかし水審への信仰は民衆の中ではまだ十分に生きていた。これは異教的過去からの遺産といったことで説明するより、民衆の紛争解決において、水審がある局面では重要な機能を果たしていたからだと考えた方がよい。水審は試される人が水に沈んだ場合、すぐ引き上げられるように体にロープをつけるのが普通だった。こうした安全確保の道具代の他に、刑吏の人件費、立会人に支払う謝礼など、一種の演劇的スペクタクルでもある水審にはそれなりの費用もかかる。水審のような神判は、結果がかなり偶然に支配されるから、これを受ける側としてはリスクが大きい。逆にいうと水審を持ち出すのは、もうかなり不利な状況になってからなのである。

ところで魔女の疑いをかけられた者が水審で浮くと、当然魔女の罪が立証されたと周囲は思うであろう。では当人はそれで観念してしまうかというと、必ずしもそうではない。魔法以外の罪が原因で水に浮くことがあるという考えが存在したからだ。アルテ・ハーズィンという女性は、自分から水審を望み、もし浮いたなら焼かれてもいいとまで言い切った。彼女は二度縛られて、一度は縛られずに計三回水に投げ込まれたが、いずれも浮かび上がった。しかし彼女がいうには、水は嘘をつかないし、自分も魔女ではない。自分の娘と寝た男や、自分と敵対関係にあった他の女が自分を浮かび上がらせたのかもしれない。あるいは自分が犯したちょっとした盗みのせいかもしれない。自分は四〇年前に姦通をしているので、そのせいかもしれない。でも自分は魔法の罪だけは絶対に犯していないと主張し続けた。ここでの神判はむしろ当事者間の名誉を巡る闘争儀礼である。水審に限らず、噂から使者を通じての耳打ち、面と向かっての非難など、民衆の魔女狩りにはそのあらゆる段階が闘争儀礼の性格を持っている。相手の反応を見極め、敵味方の力関係を考慮しながら、戦略的な行動がとられていく。水審はその中でも最も儀礼性、演劇性の強い場面だった。相手方も一緒に水に入れることを求める水審の場合、代理による水審も考え出される。これはまさに神判としての決闘と同じであろう。また自分の所有物や身体の一部、たとえば爪を切って水に投げ入れ、沈んだことをもって無罪を主張する根拠にした女性もいた。

対質と拷問

噂が公知のものとなり、自分に味方してくれる証人が十分いると思われると、お上への告発に踏み切る。ただ私人による告発か当局の職権による告発かという区別も、はっきりしたものではなかった。実際には参審人や参事会員は住民の間の魔女に関する噂を聞きつけたら、内々に調査をしなければならなかったし、また住民が参事会員の所へ嘆願して、参事会員に告発を促すことも多かったからである。逮捕命令など手続の形式面ではなく、実際に誰が主導権を持って積極的に動いたかを見ると、圧倒的多数はまず住民の意思が先にあったようである。しかしいったん公的な告発がおこなわれ、当局による捜査、逮捕、尋問というレールに乗ると、そこでは隣人同士の魔女嫌疑や喧嘩とは別の次元の論理が働いていく。悪魔学と法的な適正手続の論理である。尋問の主眼は、悪魔との契約があったのかなかったのかという内面性と異端の要素の確定に置かれる。その論理は尋問される被告にとっては異質なものである。だから何らかのまじないや魔術的手段に親しんでいたことは認めても、悪魔と契約したことは頑《かたく》なに否認する被告が多いのである。尋問する側とされる側には本来魔術に関するその理解に大きな食い違いがある。その落差を埋めるものは拷問であった。

ところが公的裁判の段階になっても、当事者にとってはなお名誉をかけた争いという側面が残っていた。それが最もはっきりした形で表われるのは、告発者ないし被告に不利な証言をした者と、被告とを対面させる対質《たいしつ》である。この手続は互いの言い分をぶつけ合わせることで、裁判官による尋問でなお不分明な点を補おうとするものだったが、ただし当局による証人尋問が詳細におこなわれ、職権手続を重視する所ではおこなわれていない。コルト・フォスの妻は、拷問で自白した後、ヨハン・レーエの妻に魔法を教えたから、彼女と対質させてくれと強く言い張った。「レーエの妻はフォスの妻の所に連れてこられると、激しく怒鳴り始めた。『あんたは何を言ったんだい？　あんたが私に何を教えたというんだい？　あんたは神と最後の審判を信じないのかい？』。フォスの妻はこう言った。『私はあんたに魔法を教えたとは言っていない。あんたをダンスで見たと言ってるんだ』。

レーエの妻＝罵詈雑言を吐き、フォスの妻をさんざん非難して問う。『どこで私を見たんだい？』。フォスの妻＝『ダンスでさ。あんただって知ってるだろ。一度ならず何度もさ』。レーエの妻＝『私はどうしたらいい？　水が私たちを選り分けてほしいもんさ』」(Rainer Walz, Hexenglaube und magische Kommunikation im Dorf der Frühen Neuzeit. Die Verfolgungen in der Grafschaft Lippe, 1994, Paderborn, S. 388)。フォスの妻は拷問に屈服して、自らの運命は定まってしまったのではあるが、レーエの妻の名誉も同じように引き下げねば気がすまなかったのだろうか。舞台は書記が同席するお上の裁判所に移されてはいるが、隣人間の紛争が形を変えてここにも再現されている。

拷問はしかし被告にとってはこれまた一種の神判であった。これに耐え抜けば、自分の身の潔白が証明される。現実には拷問に耐えて魔女犯罪を否認し続けた例は少なかったとはいえ、実際拷問に屈服しない被告が出た時、裁判所は狼狽《ろうばい》しながらも、概して理性的な措置、つまり釈放という措置をとっているのである。ただ同じ告発が何度でも執拗に繰り返されること、魔女の噂を広めたということで名誉毀損で逆に訴えられ、魔女犯罪を証明できずに負けた後でもやはり同じ罪で告発する例があること、これは当局の裁判機構と手続の問題というより、民衆の魔術信仰、世界認識のあり方と深く関わる別の問題であろう。

噂、悪口、暴力にいたるまでそうであったが、闘争のすべての局面においてその時々のコミュニケーションの形が「名誉」を軸として展開し、何らかの儀礼的コードに従って進行していくことは、民衆の魔女狩りを理解するうえで重要である。近世の生活では人が一人きりになれる場面はそんなに多くない。そして野外での仕事、屋内で集まってする仕事、助け合い、祭りや夕べの語らいなどを通じて、人格と人格は直接的な接触をする。人は名誉によって評価され、極端にいえば「良い人」か「悪い人」なのである。これは人が多様な人間関係を結び、異なった複数の生活圏を使い分けながら生きている現代とは決定的に異なる環境だろう。人と人のコミュニケーションには、宗教、贈り物、共通の経験や嗜好など必ず何らかの象徴的な財が必要だが、近世村落では各々が手持ちの財が限られている。現代社会では隣人同士でも相手の職業や生活パターン、人間関係、親族関係など知らないのが普通になってしまった。それでも必要に応じて一応のコミュニケーションはできるし、こうした関係は多少の性格の違いはあれ、趣味のサークルや職場での人間関係にも言えるだろう。だから一つの生活圏でしくじって評価を下げても、それがすぐその人全部の破局にいたるわけではない。ところが人の移動の少ない近世では、各人は他人のことをほぼ丸ごと知り尽くしているわけである。

対人関係と評価

アグネテ・ヘルデマンという女性は、自分の悪くなった牛乳をトリネケ・シュニットカーという女性に見せた。トリネケはこれは魔法のせいだという。この牛は他の元気な牛と同じ所で同じ草を食んでいたのだから。この発言からアグネテはトリネケ自身を魔女だと疑うことになる。その後牛乳は再び良好な状態に戻った。しかしアグネテはトリネケとのつき合いを避け続ける。それから再び牛乳は悪くなってしまった。この一連の経緯をヘルデマン側はこう解釈するのである。トリネケが自分でかけた魔法を自分で解いたが、ヘルデマン一家がつき合いを避けるのに復讐して、再び魔法をかけたのだと。ここには最初に魔術の疑いがかかると、その後に起こった現象がすべてそれに関連づけられて、しかも疑いを強めるような方向で解釈されていく傾向が認められる。ところでトリネケという女性はかねてから魔女ではないかと噂のある人物だった。抱きかかえた隣人の子供が病気になったり、三回結婚した間にも間男《まおとこ》をしたり（性的放縦は「悪い女」＝「魔女」の属性である）、人の死を予言したり、とかく疑われやすい行動をしていた。そのトリネケが、牛乳が駄目になったのは魔術のせいだと言ったのは、じつは自分が魔法をかけたのではないかと疑われたわけである。「敬虔な人は魔女の所業なんぞについて語ったりしないし、誰が魔女かなんて知りもしない」のだから、結局トリネケ自身が魔女なのではないかと思われることになったのである。

名誉観念を軸にして組み立てられた社会では、他人への評価は自分自身への評価と独立してはあり得ない。他人への評価を変えることは自分自身のアイデンティティーを不安定化することになるから、一度他人への評価が作られると、それはなかなか変わらないのである。疑われている者が病人を見舞って触ると、病状が悪くなろうが、快方に向かおうが、疑いを強めることにしかならない。牛乳が悪くなればそれは魔女が魔法をかけたせい、良くなれば魔女が自分でかけた魔法を自分で解いたせいというふうに、一度魔術の疑いを持たれるとすべての行動がそれに関連づけて解釈されてしまうという現象も、こうした社会の在り方に原因がある。だから村の中でいったん魔女だとされると、裁判で無罪になっても、繰り返し同様の告発が起こるのである。

なぜ女性なのか

魔女迫害の論理と心理

不幸と魔術

魔女というのは普通の人と違った特別の能力、すなわち魔術をおこなう力をそなえた者ということであるが、では普通の人は魔術とは縁もゆかりもなかったかというとそんなことはない。近世までのヨーロッパの社会では、魔術というのは誰でもが近づきうる、そして習得しうるごくありふれた生活上の知恵だったといえる。端的に言って魔術を悪い意図で用いれば黒魔術であり、それを用いる人が悪い魔法使いつまり魔女となる。魔女の告発理由の圧倒的大部分はいわゆる「害悪魔術」である。つまり病気、死、痛み、食物の腐敗、農作物の被害、家畜の障害など、誰それの身の上に降りかかってくる不幸や災難について、あいつが魔法をかけて起こしたのだ、と解釈して、そう

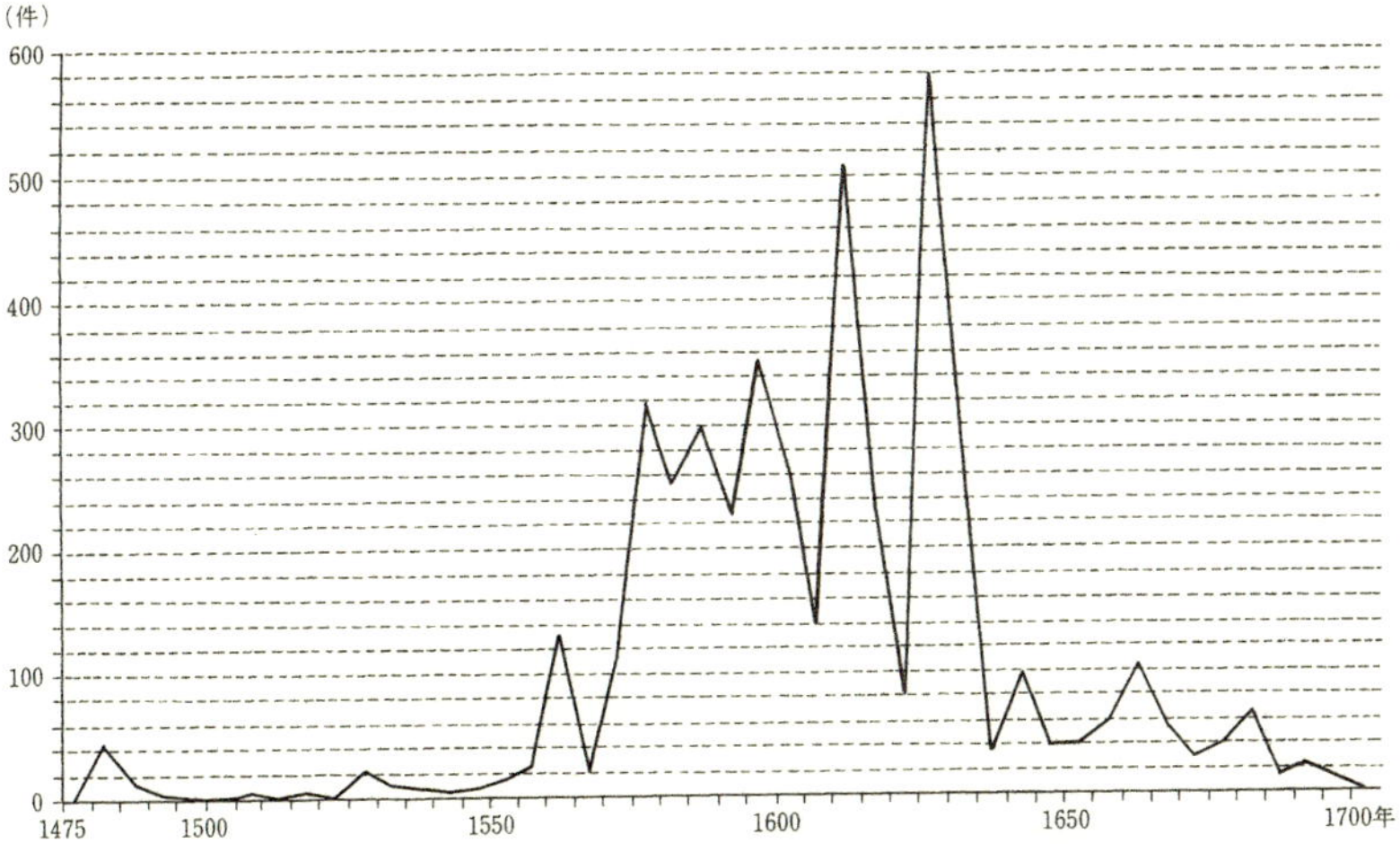

図4　西南ドイツの魔女裁判発生件数の推移

E. Midelfort, Witchhunting in Southwestern Germany 1562-1684 (1972) のデータをもとにいくつかの地域の新しい情報を加味して作成．ただし最も研究が進んでいる西南ドイツについても，すべての地域が網羅されているわけではなく，また正確な年代確定ができてない裁判事例も多い．このグラフはあくまでもおおまかな推移の傾向のみを示すものである．

いう害悪魔術を使ったとされる人物を告発するのである。ここで予想できるように、天候が不順で農作物が実らなかった年、疫病がはやった年、そうした大きな災厄が起こった翌年などは、はたして魔女狩りが多く発生するという現象が確認されている。

ヨーロッパでは一五六〇年代から気候が悪化し始め、厳寒の冬と湿気の多い冷夏が繰返されるようになった。とくに一五八〇年代後半、一六二〇〜三〇年は厳しく、その後気候は回復に向かうが、一六六〇〜七〇年代にもう一度揺り戻しがある。

何か不幸や災難が起こったからといって、何でもかんでも魔術や魔法使いのせいになっていたわけではない。しかし不幸、とくに個人的な不幸は「どうして他の誰でもない自分が」という、しばしば答えようのない問いを投げかける。合理的説明をされても、その手の実存的な問いには答えることができない。そのような場合に誰かが魔法をかけたというのは有効な説明を与えてくれるのである。もう一つ、魔法というとわれわれは何か遠隔操作のようなものばかりを想像しがちであるが、毒や何か悪いものを人に与えて、それで人を殺したり、病気にしたりすることも、当時の発想では魔法と連続的に考えられていたことは注意しておく必要がある。

近世社会では人間が利用できる物質的、象徴的な資源が限られていたことが、人々の思考を大きく規定していた。共同体の財の量は総体として一定であり、誰かが豊かになれば、誰かが貧しくなる。物質的財だけでなく、幸福、若さ、生命力といったものにもそれはあてはまる。自分の家が貧乏になり、隣りが裕福になったとしたら、すぐに隣人に猜疑《さいぎ》の目が向けられる。特別な理由もなしに災難が続き、自分の牛が乳を出さなくなった。もし魔術のせいだとしたら、魔女が牛乳を盗んでいるのだ。図5では魔女が斧を柱に突き立て、柄をしごいてミルクを桶に出している。じつは左に見える隣人の家の乳を盗んでいるのである。牛乳盗みは民衆の間で最もよく訴えに出てくる魔術であった。マールブルクのカタリーナ・シュタウディンガーは、隣人から乳脂肪を盗んでいるのではないかと疑われていた。この隣人は四週間来ずっとバターを作ることに失敗し続け、一方、カタリーナの方はたくさんのバターができていたからである。

このように魔術は盗みと同質のものを含んでいて、この発想は病気と健康という領域にも適用される。ある人が病気になるのは、ひょっとしたらその人の生気が魔女に吸い取られているのかもしれない、そう考えるのは当時の人々にはごく自然なことだった。民衆の中の魔女がたいてい年老いた女性であるのも、こういう魔女は常に若く健康な人の生気を吸い取る必要があると考えられたからだった。これはメルヘンの中に登場してくる魔女と

図5　牛乳盗み（16世紀の木版画）

も共通点がある。若さと健康が水や体液で象徴されるのに対し、魔女はそうした水分が失われて「枯れた」存在であり、水分を渇望してやまない。おそらくはこのような連想が魔女がおこなうとされるさまざまな悪行と関係しているだろう。魔女が男性を不能に、女性を不妊にするという観念は、すでに『魔女への鉄槌』の中に現れてはいる。性的能力は精液、愛液に象徴され、それを吸い取って枯らしてしまうのが魔女である。しかしこの観念は知識人の固定化したキリスト教的魔女観念とは別に、俗人の間ではごく当然のように観念されていた。夜に人間の血を吸う妖怪との観念連合がなされたのもごく自然であった。

性愛魔術

しかし性愛に関する魔術については、さらに現世的な利害の背景がつきまとっている。男性一般への妬《ねた》みだとか、神話的想像力だとか、そういう一般論には収まりきれない切実な現実があった。性愛魔術、つまり特定の人の性的能力や生殖能力を奪ったり、逆に性的な欲望をかき立てたりする魔術の起源は古い。すでに一一世紀のヴォルムスの司教ブルヒャルトの有名な贖罪《しょくざい》規定書の中に、その手の魔術に対する戒めの記述がある。夫の愛を強めるために、その精液を飲んだり、生きた魚を自分の陰部の中に押し込んで死なせた後、その魚を調理して夫に食べさせたり、腰の部分を剥《む》き出しにしてそのうえで捏《こ》ねたパンを焼いて食べさせたり、自分の経血を料理に混ぜて食べさせたりといった手段が記録されている。また逆に恋敵への男の情熱を失わせるための魔術もあった。さまざまな呪物を夫婦のベッドの下に隠しておくことで、夫婦仲が悪くなるようにする魔術、脇の下に挟んで汗をしみ込ませた白パンを男に食べさせて、男の愛欲を自分に向けさせるための魔術もある。

男に捨てられたり、夫の愛情が冷めたり、他の女に移ってしまったりした時に、男の愛をかき立てたり、復讐したり、恋敵との仲を裂いたりするためにこうした魔術は使われる。だがなぜとくに女性がこうした魔術を使うとみなされていたのか。背景には性の問題が結婚と深く結びついていた事情がある。中世社会では、むろん教会が禁欲を至上の価値として、性を結婚の枠内に抑え込んでおこうとはしていたものの、性の営みは結婚という制度を大きくはみ出して広がる領域だった。だから恋の鞘当《さやあ》ては常にあったし、愛の魔術もおこなわれていた。しかし魔女狩り時代の恋の鞘当ての背景には、本人の意思による自由な配偶者選択がある程度可能であった社会が存在する。

まだ研究の少ないドイツ東部はさておき、魔女狩りが多く発生した地域は西北部の、人口稠密で比較的農村工業が発達していた地域でもある。そうした地域では伝統的農村に比べて現金収入の道が開かれ、その結果若い世代が比較的早く独立し、世帯を営むという傾向が強まってきた。そして都市部に近いところから核家族を中心にした相続法制が整備されてきている。以前なら結婚せずに奉公人として生涯を終えるか、財産の継承のために制約の多い配偶者選択を余儀なくされていた人々が、さしあたり共同体の内部では比較的自由に配偶者を選べるようになった。と同時に男性は移動の自由が拡大して、女性を捨てることができたのに対して、女性の方は結婚に執着せざるを得なくなっていた。地域によっては女性の財産権は同性の親族によって財産が継承されるという慣習によって守られてきた。しかし世帯を基準にした税制改革がこれを不安定なものにする。もちろん当時の社会では幼い子供の存在が男女どちらにより多く生活上の制約を課したかは明らかであろう。教会儀礼を有効な結婚の証しとして、教会は以前から結婚に介入してきたが、プロテスタント諸国では結婚に親の同意を要件として課す傾向も強まってきた。しかしそれでもなお二人だけの婚約とその不履行、それを女性側が訴えるというパターンは珍しくなかったようである。二人の間で性交があったことの証明も難しく、泣き寝入りも多かった。こうして不利益を被った女性は愛の魔術をかける潜在的な予備軍とみなされたのである。

性愛魔術に関する悪魔学文献では、象徴的に男の一物を取り去ってしまうという表現がよく用いられる。これはいったいどういうことだろうか。バイエルンのライヒャーツホーフェンに住むバルバラ・クルツハルスという女性は、一六二九年に魔女裁判にかけられ、前夫のミヒャエル・ロイターーともう一人の男ヴォルフ・ヴィトマンからその生殖力を奪ったと自白した。悪魔からもらった軟膏を彼らの手に塗り、呪文を唱えたという。「今お前さんのモノを悪魔の名において奪ってやるよ。お前さんが二度と私とやれなくなるようにね」。この自白に何を見るであろうか。彼女が本当は呪文として何を言ったのか、あるいはそもそもそんな魔法を使おうとしたのか、それは誰にも分からない。ただ悪魔学的知識に基づいて執拗に尋問する裁判官の前で、つい彼女の本音がもれたのかもしれない。夫を不能にして彼女には何の得があったのだろうか。夫にしつこくセックスを強要され、積もっていた恨みがこのような形で自白させたというような可能性は想像できないだろうか。さらにもう一人の男ヴィトマンと彼女は寝たことがあるのだが、それもどのような関係だったのであろうか。

観念史的魔女論

『魔女への鉄槌』では産婆が魔女の典型として書かれている。そこからアメリカ、またドイツでもとくに一九七〇、八〇年代を中心に、産婆＝性と出産を司る女性＝薬草の知識を持つ民間医療の実践者＝男性の権力と知識体系には取り込まれない存在という連想が働き、一部のフェミニストからは新しい魔女論として歓迎された。魔女狩りとは性と医療知識の独占をはかる男性権力が、自然との調和のうちにいた女性を系統的に迫害したものだということになる。さらにヨーロッパ文化の中に非キリスト教的な地下水脈があるとして、魔女の系譜をそうした異教的なものの中に求めようとする傾向とも重なった。日本にもこのような見解が紹介されてきたが、その際女神崇拝という概念を手がかりにして、日本の文化性を西欧―キリスト教文化圏と対比させ、前者を無批判に礼讃するような傾向がないでもない。

このような見解をどう見るかであるが、まず第一に今日の実証的な研究水準では、産婆がとくに魔女として迫害されたとか、女占師や民間の治療師「賢い女」がとくに狙われたということはおおむね否定されている。女性が犠牲者の多数を占めたことは確かだが、その犠牲者の多くはむしろごく普通で社会的にはとりたてて特徴を持たない人々なのである。第二に、このような見解が立論の基礎にしているのは『魔女への鉄槌』に代表される悪魔学文献だが、悪魔学は知識人にとっては頭から否定したりできない堅固な知的トピックを形づくっていたものの、その知的枠組がそのまま実際の魔女裁判での迫害に直結したわけではない。実際に告発から処刑にいたるまでには、知識人の理論枠組とは別の要因が働いていたのである。実際に告発を担った人々の世界観は知識人のそれとはおそらくずいぶんと違うものだった。第三に、観念についての系譜学と、その時代その社会でのある観念形象の機能とは分けて考えた方がよいのではないかということである。「魔女」という観念形態などは典型的であるが、ある観念は一度それに形が与えられると、一人歩きして次世代に伝えられるという傾向を持つ。その意味で系譜学的方法はもちろん意味のある作業なのだが、ではさてその社会の中に生きていた魔術や魔女観念の中に異教の系譜を引く形を見出したとして、ではそのことが直ちに異教的観念が当該社会にまで引き継がれて生きていたことを意味するだろうか。形の連続性は必ずしも機能の連続性を意味しない。民衆的な呪術は確かにキリスト教の象徴を頻繁に用いるが、しかし教会が呈示するものとはいつの間にかずれた文脈において用いていることがしばしばである。そのずれを引き起こす力を何かの観念の系譜に求める前に、観念を再生産する場の方に着目してはどうだろうか。

女性の犯罪

子供殺し

魔女が子供を取って食うという信仰は、当時の社会にも存在した。子供をさらって煮て、脂から軟膏を作り、そのスープを道や敷居に撒いて人を麻痺させるなどのことが、魔女がおこなう悪行として自白調書の中にも登場する。ここで鍵になるのは産後の床をめぐる人間模様である。出産直後は子供も母親も病気に感染しやすい状態にある。乳幼児の死亡率も高い。当時も出産の際の危険、その後の病気の可能性などについては知られており、子供が死んだからといって、すぐ魔術に結び付けられたわけではない。しかしすでに魔術の噂がある者、あるいはその家と仲違いした者が出入りすると（相互扶助は共同体の義務だから、個人的に少々仲が悪いとしても、手伝いに行かないのはますます事を荒立てることになる)、子供の病気や死と結び付けて解釈されやすい。すでに牛乳盗みの嫌疑のあったマルガレーテ・ミュラーが隣人ラントフェルデンを訪ね、洗礼前の六週間の乳飲み子を抱いてキスをした。その後その子が乳を飲まなくなった時も、家人はマルガレーテのせいで子供の「口が閉じられた」のだと考えた。洗礼後に回復した子にマルガレーテが会って触った後、その子は死んでしまう。マルガレーテは子供から生気を「吸い取った」か、「蝕むもの」を与えたことが決定的になってしまう。

ちなみに一六、一七世紀は都市部を中心に、いわゆる嬰児殺しが多発した時期でもあった。ただしこの現象を魔女の嬰児殺しという観念に関連づけて、魔女狩りと嬰児殺し疑惑とを直接に結び付けることはできない。この時期に多発した都市部の嬰児殺しの多くは、奉公人の女性と手工業職人や雇い主ないしその息子との間に生まれた子が問題になっている。ここにはいわゆる愛の魔術が入り込む余地はなく、妊娠して捨てられ、出産したら解雇されるという追い詰められた状況にあった女性がおこなうものであり、愛の魔術を使って魔女として告発されるというほどのゆとりもないのである。魔女裁判と嬰児殺し裁判はまったく別のカテゴリーに属するものだった。

魔女を告発する人々の論理を、女性の出産とそれを巡るコミュニティー、そして子殺し疑惑という面から見ると、興味深いのは、リンダル・ローパーによって分析されたアウグスブルクの魔女裁判の事例である。

母子関係の二律背反

近世ヨーロッパの習慣では、女性は出産後六週間子供とともにベッドで過ごし、産後の回復をするのが普通だった。その間当人は通常の仕事から解放され、外出もせずに産褥《さんじょく》のベッドで近隣の女たちの訪問を受ける。これは産褥婦の手伝いや世話を兼ねた一種のお祝でもあり、女たちは入れ替わり立ち替わり母親と子供を見に来て挨拶し、ワインや菓子などを持参してはお喋りに花を咲かすのだった。その間は夫も部屋から遠ざけられ、いわば女だけの社交場の観を呈していたのである。余裕のある家では産褥奉公人を雇って、雑用を引き受けてもらい、産褥のベッドはより純粋に社交の場になったわけである。そしてこれは産婦が出産後はじめて教会に行き、浄めてもらって（出産後の女性は悪霊が取りつきやすい）、通常の社会生活に戻ることで終了する。奉公人の仕事もこの時をもって終わるわけである。しかしこの期間の産婦の心理状態は、気楽なものだったわけではない。

子供に対して持つ感情は、おそらくは時代の環境とともに可変的であろう。多産と高い幼児死亡率によって特徴づけられる社会では、産婦は子供の健康と幸福を願う気持ちとともに、子を持つ喜び、子供への愛情にばかりは浸っていられない。主婦としての社会生活への復帰は、言い換えれば名誉ある十全な状態への復帰であり、本人にとってはそれこそ待ち望まれたことであろう。その復帰を阻むものが他ならぬわが子なのである。現代と違い、出産後の回復に時間がかかり、産褥熱など産婦の健康も不安定だった時代には、社会習慣という以前に、まず肉体的条件が許さないことが多かったであろうし、他方で子供の世話をすべて自分一人が独占的にできるわけでもない、そうした宙に浮いたような環境がまたいっそう母親の焦燥感を募らせることにもなった。

世話の仕方が変わるせいもあろう、産褥奉公人が去った後、病気になる子供の例が多く証言に上がっている。このような二重写しの不安と抑鬱の中で、母親は自分自身の中にある悪意（この面倒な子さえいなければ）を第三者に投影する。自分はあくまで子の安全と幸せを願う良き母親であり、子に不幸があるならば、それは悪意を持った誰か他人の仕業なのである。

ここで最も疑われやすいのが、産褥奉公人であった。産褥奉公人は産婆と違って訓練を受けておらず、その地位は不安定だったが、産褥期間中は母と子の世話一切を任されていた。またたいてい年老いていたことは、母にとって将来の自分の姿を予見させるものでもあった。さらに羊膜などの後産の始末をしていたことも、疑いを強めることになった。髪の毛や爪など、人間の身体の一部だったものは、外界と人間とを繋ぐものであり、その持ち主の性格を留めている。だから逆にその人間に影響を与えたければ、その身体の一部を手に入れて操作するわけである。後産というのは魔女が薬を作る時の重要な原料の一つである。人間の感情は外界の出来事と繋がっていて、それに直接影響されたり操作されたりしやすいと考えられる社会では、自分の中の憎しみや許されざる偏愛、妬み、悪意なども外界に投影されやすい。

バルバラ・フィッシャーは二〇歳の時、義父に犯され、子供を産んだが、その子は生まれて間もなく死んでしまった。彼女は参事会に義父との結婚の許しを願い出たが、義父はこれを拒絶、参事会は不名誉な罪を犯した廉《かど》で彼女を自宅軟禁の処分にした。それから二〇年後、彼女は魔女として告発される。魔女になった動機を聞かれて、彼女は結婚して母になることを拒絶されたからだという。彼女を誘惑した悪魔は、染物職人という、義父と同じ職業の人物に姿を変えて現れたのだった。結婚して所帯を持った女性は、たとえ子を産まないとしても、主婦として周囲の尊敬と名誉を勝ち得ることができた。腰に下げた鍵束は、家政の管理権を握る主婦の名誉の象徴でもある。

三十年戦争で人口が半減したと言われるアウグスブルクでは、生殖への危害はとりわけ敏感に感じられた。寡婦はもはや生殖に寄与しない存在であり、その年齢からいっても良き母の反対像だったのである。魔女は普通の人間と違って、本来痛みを感じないはずだという信仰がある。針を刺しても痛みを感じない者、それが魔女である。出産で激しい痛みを感じる母に対して、更年期を過ぎた女性は、もはやそのような痛みを感じることがない存在である。

女性の労働領域と魔術

民衆の中の魔術観念がとくに女性と結び付きやすかったとすれば、それは具体的にはどのようなものであろうか。魔女裁判で訴えられる害悪魔術は、じつは女性の仕事とされていた領域に深く関わっていたことが分かる。

衛生状態の悪さから病気になるのは、子供だけでなく、大人も免れなかった。体調を崩したり、病気になる原因はやはり食べ物からくることが多い。料理は材料が変化する過程でもある。同様に小規模なビールの醸造、チーズ作り、パン作りなどは、自家用におこなっている家が珍しくなかった。こうした発酵食品は仕込みと温度管理が適切でないと、すぐ腐敗してしまうし、また当時の技術では原因も分からない。腐敗には悪霊が関わっていると考えられており、それを防ぐためのさまざまな魔術が存在した。スカートをまくり上

図6　バターを作るときの魔除けのまじない

げて剝き出しの尻を見せ、悪霊を驚かして退散させるというのはよく知られたまじないである。調理と同じく女性の領分だったこのような発酵食品作りでは、たとえばビールに香りをつけるための香草を入れたり、ちょっとした工夫で滋味を増すことはよくおこなわれていた。

これは料理についても同じである。そして食品加工や料理に使われる粉や薬草は、それ自体香りや旨味を増したり、病気に効くと同時に、調合によっては毒にもなるという二義的な性質を持っている。料理は実際にそれを食べて体調を崩すことがあるとともに、その作業の性質からいっても、二義的で曖昧、危険な領域だったのである。発酵と腐敗のメカニズムが知られていない当時は、食物が駄目になるのは悪霊の仕業と考えられやすかった。だから邪悪なものが食物を駄目にしないように、ちょっとした薬草や液体、粉を加えたりする。それらは処方次第で容易に毒に変わりうるのである。どうすれば悪霊の侵入を防ぐことができるか、特定の病気には何が効くか、これらはまた他人を害する方法として応用できる。薬と毒とは本来表裏一体のものなのだ。

料理に使われる鍋が魔女の小道具の象徴となり、いろいろなものを入れて家の敷居の下や道に埋められ、そこを通った者の手足を麻痺させるために使われたというのも、料理との連想からきているだろう。鍋はよく敷居の下に埋められる。家が安全な小宇宙とすれば、悪霊は窓や煙突や玄関の扉から入ってくるわけで、家の内と外とを区切る扉や敷居、煙突は悪霊が出入りする危険な場所である。だから戸口には鎌や薬草など悪霊を退散させるためのまじないの品を置くのである。逆に魔女は戸口に呪物を置いておく。一六五二年に記録されたある魔女の自白では、その家の子供を病気にしたりするために、ニワトコの葉を煎じた煮汁と雌鶏の血を戸口の前に注いでおいたという。

女性に魔女迫害の犠牲者が多かったというのは事実だが、その理由については制度的な裁判を司っていた知識人とその世界観の方に求めるべきか、それとも実際に告発をおこなった民衆の側に求めるべきかといえば、はっきりいって後者であろう。キリスト教の中には、確かに女性蔑視の言説が含まれていたし、『魔女への鉄槌』はその典型でもある。しかし知識人の一般的世界観が、直接被告の有罪判決に結び付いたわけではない。それに、そもそも魔女裁判に関わった法曹というものを一元的に見るのが間違いである。ボダンやヴァイアー、ビンスフェルト等の著作を読み、魔女についての何がしかの理論的見解を持っていたのは、大学の教授団、上級裁判所の裁判官、宮廷官房の官僚などであり、第一次的に被告と対面、尋問した参審人裁判所、都市参事会、ゴー裁判所などの裁判官は必ずしも悪魔学の知識に通じていたわけではない。彼らは上級官庁の監督を受けていたとはいえ、むしろ魔術については一般民衆と同じく、生活技術の悪用という面から見ていた者も多かったのである。

生活技術としての魔術

一五二九年のことではあるが、ヴュルテンベルクの町ウーラハの副フォークトであったハンス・ヴェルンは、魔女裁判の尋問のためと称して、教会の聖水やミサに使う蠟燭《ろうそく》、さらには聖職者用の祭式服までをも要求し、これを迷信的でキリスト教のシンボルの乱用だと難じる助任司祭のヨハンネス・クラスと激しく対立している。しかし聖なる印と悪霊退治のまじないの区別も判然としないこの当時のヴェルンの感覚は、彼の上司もまたある程度共有していたものであった。生活技術としての魔術は彼らにとってとくに忌避すべきものではなく、裁判官自身が魔術に親しんでさえいた。魔女狩り時代の末期には、魔女狩りそのものがリアリティを失って、迫害動機が当局による街道放浪者狩りや金銭目当て、政治的迫害、さらに個人的なサディズムに堕していくが、そうした時期に都市参事会員が魔術本を所有しているという理由で摘発される事例が目につくようになる。悪魔学の理論はそれが真面目に信じられるにせよ、たんなる迫害の口実になるにせよ、伝統的指導層の人々にとっては、結局のところ外からやってきて、自らは消化できずに終わったともいえる。

民衆の間でおこなわれ、また信じられていた魔術は経済的観点から見ての二項対立を特徴としている。何かを与えることと奪うことである。健康と病気、裕福と貧困、夫婦円満と仲違い、これらは皆悪いものを与えるか取り去るか、逆にいえば良いものを奪うか与えるかによって決まってくる。牛が乳を出さない、家畜が死んだ、これは魔女が乳を「盗んで」いるか、悪いものを「与えた」からである。バターの質が悪くなって売れない、その結果経済的に困る。これも魔女が乳から良質の部分を取っているからである。急に腰が痛くなって動けなくなる。これは魔女が悪い矢で「射た」からである。現代的にいえばいわゆる「ぎっくり腰」も誰かとの争いがあると、そういうふうに解釈されやすい。そういえば現代ドイツ語でぎっくり腰は「魔女の射撃（Hexenschuß）」という。

魔女に対する尋問では、魔術を誰から習ったかということが必ず聞かれる。これは魔術能力や魔術の行使に悪魔の介在を確認しようとする尋問者側の意図から出たものだが、自白は彼女たちの魔術に対する関わり方をある意味で端的に表現している面がある。裁判での自白によると、魔術というのはたいてい誰かから習って覚えるものであるという。魔術を教えてくれるのは、人間ないしは悪魔である。悪魔のことは後述するとして、人間が教えてくれる場合、とくに自分の母親、叔母、親しい隣人といった人たちの名が挙がる。しかも女性が奉公に出る前や、結婚の際などに教わることが多いという。いってみれば女性の人生の節目に生活を維持し、改善するための技の一つとして教わっているのである。民間魔術とはまずもって何かしら個人的で経済的なものに関連している（牛が乳をよく出すように、バター、チーズがうまくできるように、家人の病気がよくなるように、夫婦仲がよく、子供を授かるように、自分の子供が適切な配偶者を得られるように等々）。幸福と物質的豊かさの向上のためのこのような魔術の反対が、他人の幸福と豊かさを減らす、あるいは盗むための害悪魔術である。そして上に挙げたような領域はいずれも女性が主として関わる労働領域であるのを特徴としている。

近世ヨーロッパ社会では、独立して家計を営む家の労働は、男女の間でかなり明確に分離されていた。農民の家では女性は料理、家の周囲の菜園の管理、馬以外の家畜の世話、発酵食品作り等の食品加工、子供、病人の世話、洗濯等を受け持ち、さらには野菜や乳製品を近くの市場に持って行って現金収入を得ることもしばしば女性の仕事であった。さらに都市住民のたとえば手工業者でも、主婦はやはり子供、病人の世話、職人や徒弟の賄《まかな》い、市壁の内外にある小菜園の管理、場合によっては小家畜の世話、料理に食品加工、掃除、洗濯といった家政全般に責任を負っていた。そうした領域の仕事をうまくこなし、家政を上手に切り盛りしていくことが、主婦としての役割であり、共同体の中での名誉につながった。家政の上手な切り盛りのためには、それぞれの仕事についての知恵とコツが必要である。そのための技術的な知識は母親から娘へと伝えられ、また親戚や親しい友人同士で情報の交換がおこなわれた。こうした生活技術の中には、当然「魔術的」な知識も含まれる。

裁かれる者にとっての悪魔

自白の中の悪魔

被告の自白を決定的に条件付けたのは、やはり拷問であろう。最初「私はそんなことはやっておりません」と容疑を否認する被告も、拷問の予告をされたり、実際に拷問されると、恐怖と痛みから裁判官が敷いたレールに沿って自白していく。それは被告が本当にそんな罪を犯したからだろうか。当然否である。ではまるっきりでたらめを空想で自供したのだろうか。ここのところは難しい問題である。拷問の痛みの中で被告が答えた内容は、確かにその多くが苦し紛れのでたらめだろう。しかし被告はたとえ半分以上でたらめの自白でも、そこには自分の生活体験から得た知見を忍び込ませている。実際地域ごとに被告の自供には共通のパターンが見出せるのである。

魔女裁判の被告は自らが生きていた生活世界、自らの体験を悪魔学の術語に翻訳して自白しているのではないか。

魔女の自白で第一番に語られるのは、害悪魔術だが、続いて悪魔の誘惑がくる。箒《ほうき》に乗って空を飛んだとか、サバトで倒錯的な狂宴に興じたといった、悪魔学のステレオタイプイメージには、自白した魔女（つまりすでに自分の運命を知ってしまった女）ですら驚くほど消極的である。サバトに行ったことを認めても、出席者は皆仮面をつけていて、誰がいたのか分からなかった、出席者は自分には分からない方言を喋っていた、自分の身分とはかけ離れたいい服を皆着ていたので、自分はその中ではよそ者だったといった供述に終始するのである。この場合、被告が語っている悪魔は、知識人の悪魔学における悪魔とは微妙にずれているのではないだろうか。

地方ごとに差があるが、裁く側の不断の強制もあって、一六世紀の末ごろから、魔術を教わった相手として悪魔が登場してくる。しかし悪魔が主役として登場したことは、必ずしも民間信仰のキリスト教化を意味しないだろう。自白で「悪魔」という言葉を使うことはあっても、それはキリスト教の教義体系における悪魔ではなく、魔術的効力をもたらす諸力を人格化したものにすぎないことがほとんどだからである。魔術は母から娘へ受け継がれていく生活の知恵であり、生活の安定と向上を約束してくれるものであるから、悪魔はたいてい被告に金銭や豊かな生活を約束する。「あんたは神様と神の全能を否定するんだよ。あんたがそれをやれば金持ちになれる。……あんたが悪魔に仕えて従うなら、十分なものを手に入れることができるよ」。一六〇三年に魔女裁判にかけられたアネケ・グローネは、夫の死後「石工のかみさん」から魔法を習うよう薦められ、その時に言われたこととして、このように供述している。悪魔に誘惑されたのはどこかという質問に対しては、市壁のすぐ内側の家畜小屋や菜園など女性が一人で仕事をする場所が挙げられることが多い。他人の目を気にし、気を使いながら忙しく立ち働かねばならない共同体での生活。情緒生活の前にまず経営単位である家も、また必ずしもくつろげる場所ではない。むしろ自分一人になれるそうした場所こそが、ふっと夢想に耽《ふけ》ることのできるパラダイスということであろうか。

父親としての悪魔

やはりローパーによって紹介されている事例である。一六七〇年にアウグスブルクの二一歳のレギーナ・バルトローメは、参事会に尋問され、五年にわたって悪魔と同棲してきたことを自白した。彼女の母はレギーナのいとこと愛人関係にあり、しばしば近在の町のユダヤ人の所に借金をしに行っていた。レギーナは五年前にはじめて悪魔と出会ったころ、ミヒャエル・ライドラーという男と初交の経験をしていた。その母は結局不倫の関係を問われて公の場で辱めを受け、町から永久追放になってしまう。ライドラーはレギーナの父と同郷である。彼女は家を去った母の代わりに父の世話をし、いわば主婦の代役を務めていた。そんな折に現れたのが家に住み込みで働くようになった若い日雇いのシュヴェンライターである。レギーナはやがて彼に恋い焦がれるようになった。ところが彼は、レギーナの再三の誘惑にも応じずに、その家に許嫁《いいなずけ》を連れてきたのである。失恋のショックに打ちのめされているころ、レギーナは別の革鞣《かわなめ》し業の男が自分を媚薬で誘おうとしたと言い張る。レギーナはさらにユダヤ人と寝たと主張するが（キリスト教徒とユダヤ人の同衾は御法度だった）、誣告《ぶこく》の罪で逆に一時拘留されてしまった。さらにその後彼女は片思いのシュヴェンライターの新妻が平鍋だの穀物だのを盗んだと主張し、呼び出して殺すと脅したのだった。これでまたレギーナは逮捕される。

レギーナにはもともと魔女の噂などはなく、彼女を拘束して尋問した参事会も魔女の罪などは念頭になかった。ところが尋問の中で、彼女は自分を誘惑した悪魔について自ら語り始め、参事会を驚かせるのである。悪魔が最初に現れたのはいつかと質問されて、レギーナの答えは尋問のつど遡っていく。革鞣し職人が媚薬を飲ませようとした時という答えに始まって、ユダヤ人と寝た時（これは片思いのシュヴェンライターを誘惑していた時である）、そして最後には母が姦通した時にまで遡った。そして悪魔は最初の愛人であるライドラーだという。

レギーナの自白には自分をめぐる誘惑と拒絶のテーマが繰り返し現れている。一二歳という思春期の時に初体験をしたレギーナは、そのころ不倫をしていた母に代わって父の世話をしており、相手のライドラーは年上で父と同郷、塔の監視人という仕事をしていた。レギーナが悪魔と逢引きを重ねていたのはユダヤ人の町だったが、そこは母といとこの逢引きの場所でもある。彼女が恋い焦がれたシュヴェンライターは、父と同業で父と同じベッドに寝ている。しかし彼が婚約者を連れてきたため、レギーナの恋は挫折する。彼女の自白の中に表現されているのは、男性、それも男性一般ではなく、父との関係における葛藤である。レギーナは理想の父を求めてやまず、しかもそれを得られなかった。現実の父は母の不倫を知りながら何もできない弱い存在であった。それでも彼女は母の代わりを務めることで、母に代わって父の愛を得ようとする。彼女がはじめて関係を持った男、思いを寄せた男には、いずれも父を思い起こさせるところがある。シュヴェンライターへの恋は父から独立した一人の女として男との関係性を築くチャンスだったが、それはあえなく潰《つい》えてしまう。

レギーナへの尋問は六回おこなわれ、拷問は一度だけであった。供述は揺れ動いたが、しだいに彼女は自分が悪魔と契約したこと、そして悪魔に身を捧げたことを認めるようになる。悪魔は彼女にソーセージやお金をくれ、慈しんで守ってくれる頼もしい存在だった。一六七〇年に自白した時二一歳だったレギーナは、なお現実の父の否定的な面を受け入れることができなかったが、母の不倫と破滅（その後母は物乞いに堕ち、いとこは酒で身を持ち崩した）になす術もなかった父への怒りも現れる。彼女は父に粉薬を与えるよう悪魔に言われたが、その中身は毒だったのである。同時にまた母の追放を決めたのは参事会であった。近世の社会構成では、政治的支配者、つまりこの場合の参事会のメタファーも父である。そしてその上には父なる神がいる。レギーナは参事会を父に見立て、恭順と拒絶のないまぜになった態度を示す。だが悪魔と契約を結んだ以上、キリスト教会からは永久に追放される。彼女にとっては良くも悪くも悪魔こそが父たらざるを得ない。「神様はもう私の父じゃない」。レギーナは自ら魔女となったのである。このように父の反対像を外部に投影するという心理メカニズム自体が、ヨーロッパの父権制社会および善と悪とを峻別するキリスト教文化に深い影響を受けたものであることは容易に推測できる。

女性同士の噂と喧嘩

前述アネケ・グローネは一六〇三年に墓掘り人の妻イルゼ・リヒトに対し、名誉毀損訴訟を起こしている。イルゼはアネケが自分に魔法をかけて病気にしたと言って回っていたのだった。参事会に召喚されたイルゼは、自分のいうことは嘘ではないと言い張った。イルゼの申し立てによると、彼女は前年のある日、衣類を干そうとして家の前に出たところ、ちょうど教会に行く途中のアネケが通りかかった。踵《きびす》を返してイルゼの家の敷居を跨《また》ぎ、「この恥知らずが！」と言って、イルゼに唾を吐きかけた。性的に潔癖症だったアネケは、イルゼが不倫をしていると考え、それが許せなかったのである。イルゼは急に手が萎《な》えて、服を取り落とし、体の左側に何かが走るのを感じたという。その後病気になってしまったイルゼは、アネケこそその原因だと信じて疑わず、彼女を処罰すれば自分の病気もよくなると主張した。最終的に自白して火刑に処されることになるアネケは隣人にも親戚にも評判が悪く、裁判が始まっても誰も助けてくれる人がいなかった。アネケと直接に敵対関係にあり、その噂を広めたのはいずれも女性である。女性同士のコミュニケーションの輪がまずあって、敵対関係もまずその中で生じている。アネケを非難する男性も身内の女性からその話を聞いて態度を決している。

アネケが魔法を習った師匠だとする「石工のかみさん」（名前は分からず、石工トゥレマイアーの妻だったことから、皆からそう呼ばれていた）は、隣家のクンネ・テンニエスと激しい敵対関係にあった。具体的に何が原因で喧嘩していたのかは伝わっていないが、二人の女性が路上でも激しく罵《ののし》り合うほど仲が悪かったことは、一一人の証人すべてが証言している。「石工のかみさん」がクンネのことを壺を盗んだ「盗人」と呼べば、クンネは相手を「魔女」と罵っていたのである。この争いはある時殴り合いの喧嘩にまでなり、妻を助けにやって来た石工のトゥレマイアーは、クンネに頭から出血するほど殴られ、ゴー裁判所に彼女の暴行を訴え出る騒ぎにまでなった。このように女性同士の罵り合いに「魔女」というのはよく使われる言葉だった。

ヨーロッパの近世社会において人々は共同体の中で助け合いながら、牧歌的に仲睦まじく暮らしていたかというと、どうやらそうでもなさそうである。共同体の中で生活する以上、そこには守るべきさまざまな規範があって、それをしっかり守って誰からも後ろ指をさされない生活を送ることが名誉ある人間の条件だった。「名誉」というのがこの当時のドイツの地域社会における人間関係を読み解く鍵である。公的にどのような地位にあるかによってもそれは違うが、また各々が置かれた役割規範をどれだけきちんと守れるかによっても名誉は決まってくる。「名誉」こそは社会的に生きていく支えだったから、これを傷つけられることに対して、人々は敏感に反応した。名誉を汚されて黙っていること自体がまた最も不名誉なことだったからである。隣同士でも一度仲が悪くなれば、罵り合い、つかみ合いの喧嘩は珍しいことではなかった。名誉を傷つけられることに対して、中傷を取り消し、公的に謝罪を要求する名誉毀損の訴訟も近世では数多くなされていた。人々の間では言葉が武器として、相手の名誉を引き降ろすために使われたのである。

「魔女」という罵り言葉はこのような背景とともに理解する必要がある。害悪魔術は一種の盗みとも理解されていたことから「盗人（Diebe）」とも、また魔女は「悪い女」だから「売女《ばいた》（Hure）」という蔑み言葉とも連続性を持つ。とくにこの「売女」は村人の罵り合いの中では「魔女」とほとんど同義のようにして使われていて、「お前のことは売女で魔女だと呼んだ方がいいね」などといった具合に言われていたのである。この場合の「魔女」とは、神話的世界に住む神秘的な存在ではなく、端的に「悪い女（Böses Weib）」である。

「石工のかみさん」は、身辺が危うくなってきて、息子と一緒に町から逃げようとしていた。それを見咎《みとが》めたクンネは背後から罵った。「逃げるのかい。あんたは留まるべきだよ。他の場所（＝牢獄）に連れて行ってもらって、自分の報いを受けるためにね」。「石工のかみさん」の名誉感情を刺激したこの言葉によって、彼女は町から逃げずに結局逮捕されて、狂乱のうちにやがて処刑される。「しばしば女どもが互いに罵り、喧嘩をする時、女は男に比べてその感情を抑制できないがため、瀆神《とくしん》や呪詛《じゅそ》が、その激情ないし不注意から入り込むというのは真実ではないのか」。女同士の不和と喧嘩から出る罵り言葉について、あまり真面目にとる必要はないのではないかと、ある魔女の弁護人は証人にこう問うている。

最終開廷日

上述のように、一六、一七世紀の裁判では非公開でおこなわれる被告人、証人の尋問を通じて、被告が有罪であるのか無罪であるのか、事実上の判決が出てしまうものであった。ただし判決の言い渡しだけは最後に公開でおこなわれる。これを最終開廷日といった。といっても最終開廷日はたんなる判決言い渡しに尽きるものではなく、被告と告発人、裁判官、弁護人と一応すべての役者が登場する一種の儀礼的な裁判劇の観を呈していた。一五五四年一〇月一七日にリッペ伯領ホルン市でおこなわれた最も早い時期の魔女裁判から、その具体的な様子を見てみよう。これは左官の妻グレーテ・ムラーという女性に対するものである。最終開廷日の進行は、この地の在地法であるザクセン法の方式に則っておこなわれた。これに臨席したのは、自由伯、都市裁判官、自由参審人が二人である。告発側の代表として、領邦君主代理二名、それにホルン市の書記が出席、ホルン市側からは二人の市長と参審人として活動している古参事会のメンバーが出席した。裁判は屋外、すなわち市の広場でおこなわれる。塔に監禁されていた被告のグレーテは、自由伯により廷吏を通じて召喚され、荷車で裁判が開廷する市の広場まで護送された。荷車は不名誉の象徴であり、魔術犯罪という特別の罪を犯した者は、荷車に乗せて連行されることで、沿道の人に一切の名誉を失っていることを印象づけたのである。同時に魔女が足を地につけて歩くと、その場所では不吉なことが起きるという信仰から出た措置でもあった。

この裁判儀礼では、被告は自ら口を開いてはならなかった。これは原告についても同じだが、双方とも自由参審人から選ばれた代弁人によって意思表示をおこなうのである。代弁人の選定については被告が希望を出せたようで、グレーテはベルント・ドゥーレンダールを指名した。ドゥーレンダールは指名を受け入れ、さらに七人の参審人を陪席人として選んだ。この都合八名がグレーテへの助言に応じていたのである。「八人衆」の選任に続いて自由伯がリッペ伯とホルン市の名において告発状を読み上げる。グレーテの罪状は神とキリスト教の信仰を裏切り、悪魔と手を結び、その脅しと奸計《かんけい》によって善良な人々を苦しめたことである。

それから今度は「八人衆」の願いによって、グレーテが拘留中になした自白が朗読される。この自白調書では彼女が拷問によってではなく、拷問無しで供述したものであることが強調された。これは型通りのもので、被告は拷問無しで再度自白を繰り返さねばならない。そのことによって供述内容の信憑性《しんぴようせい》が担保されると考えられていたのである。またカロリナでもそのように定めていた。最終開廷日は形式化した儀式だとしても、ここで朗読された自白調書を公に被告が認めることによって、はじめて被告の有罪が確定する。つまりここで調書を否認すれば、正式の判決言い渡しはできないことになる。これが被告にとって最後のチャンスであったわけだ。否認すれば公開法廷は中止となり、被告は再び牢に送られて尋問されることになる。ただし再度の尋問、つまりは拷問を受けることを望まない被告が多かったし、実際それには耐えられない者がほとんどであった。しかし調書を認めて有罪が確定しても、なお火刑ではなく、より穏やかな刑罰、たいていは追放刑を嘆願できる道が残されていた。罪を認めたうえで今後人々に迷惑をかけないことを誓約して、追放刑にしてもらうことを願うのである。グレーテとその代理人がとった道はこれであった。

グレーテ・ムラーは罪を認めた。しかし代弁人団と相談して、火刑ではなく追放刑に減刑してくれるよう嘆願した。彼女は悪魔に吹き込まれてそのような害悪魔術をおこなったのであり、当地を去って今後人間や家畜に危害を加えたりしないから、というのであった。参審人団は領邦政府代表と協議のうえ、この嘆願を聞き入れることはかなわぬという答えを出す。それから都市裁判官は参審人にこの判決を受け入れ、宣告する役目を任せた。自由伯は参審人フーゼマンに、被告は皇帝に「賭《か》け金(Wette)」について借りがあるかと尋ね、フーゼマンは然りと答える。「賭け金」というのは古い法慣習で、保証金のことである。契約当事者間で契約の遵守を確かなものにするために、象徴的に積まれた財物だった。皇帝とその法に服す者の間には平和を守る契約が交わされていると想定され、平和秩序を破った者は、保証金を払わなければならない。魔女の場合はもちろんその命で支払うのである。「神の判決(Ordal)」に誰も異議がないことを確認してから、自由伯は刑吏に判決を宣明するように命じる。刑吏はこの悪行者を都市の外に連れ出し、他の者への見せしめのために、刑場で火によって灰になるまで焼くと宣言する。自由伯は都市裁判官に公開法廷の模様を記録した紙を提出させ、それに都市裁

「悪魔の囁《ささや》き」

判官の印璽《いんじ》と二人の証人の署名が書き込まれてこの法廷は終わったのであった。

グレーテ・ムラーと代弁人団が減刑の嘆願に使った論法は、決して彼女や「八人衆」の思いつきではない。彼女の裁判の三年前に近くの町で起こった魔女裁判で、被告はやはりこの論拠を持ち出して減刑を求めている。この事例では嘆願は却下されたが、そこからさらに一一年を遡った別の裁判では、被告が用いた同じ論法は司直の認めるところとなり、二人の保証人を立てたうえで釈放になっているのである。女は弱いものであり、悪魔に誘惑されやすい、そうしてつい悪行をなしてしまった。他人に害をなしたのは本来の自分を見失っていたのだという、この「悪魔の囁《ささや》き」論は、当時の裁判実務では、広く女性の免責・減刑を求める論拠に使われていた。こうした論拠を免責のために持ち出すというのは、当時の魔術観を考えるうえで興味深い。魔女犯罪の根幹は自由意思による悪魔との盟約だという観念が、ここには決定的に欠けているからである。悪魔によって唆《そそのか》され、「不幸にいたった」つまり不本意にも魔術を悪い方向に使ってしまったというのがグレーテ・ムラー側の見解である。反省して二度とやらないから免責してほしい。この論理においては、魔術犯罪の根幹は隣人への危害である。そして悪の要素は「悪魔」という形で外部に投影される。

裁判実務における男女の不平等

ところで魔女狩りの犠牲者の男女比を見ると、大迫害期の初期の段階では圧倒的に女性が多く、その後も女性の犠牲者の方が半数を上回る状況で推移するが、後期には、地域によっては男性の犠牲者の方が多数を占めるという逆転現象が起きる所も出てくる。また子供が魔女狩りに遭うのも後期の特徴である。もちろんそうした傾向について語ることができるのは、きわめて広い範囲を俯瞰《ふかん》した場合のことであって、小さな町や村の単位で見るとさまざまに異なった状況がある。だからその原因を考える際にも、地理的、時間的なものさしをどう取るか、注意が必要である。だが以上のことに留意しても、いったいこの男女比のアンバランスとその変化はどこから来ているのか問うてみる価値はあるだろう。

一六世紀後半から裁判所にはしだいに知識人の悪魔学の影響が滲透してきた。世俗的な犯罪である害悪魔術を悪魔との同盟、背教という神学上の説と結び付け、前者は後者の具体的な現れとみなすようになったのである。これには自らの自由意思で悪魔と契約を結ぶ人間が魔女であるという前提がある。その意味では男も女も同じように魔女になりうる。

悪魔と同盟した背教者という魔女の位置づけは、町や村の共同体の多くの人々にとっては、明らかに外から持ち込まれた異質の観念だった。民衆の魔女迫害心理の根幹は伝統的な魔法使いに対する迫害と同質のものだった。民衆の魔術観念の中で、男女はその行使する魔術について、明確な住み分けをしている。男に特有とされる魔術は、対外的に家の財産総体を増やすことに貢献するような魔術、たとえば宝物の発見術が典型である。そのネガティヴな形としては、紛失物の発見術がある。また通常占師も男性の方が多かったのである。

地域の共同体の中でも宝探しや占いなどは顧客に利便を与えるものとしてむしろ必要とされていたし、上述の男性魔女の嫌疑がかかるのは、むしろ迫害期の後期、つまり不可解なことをすぐ魔女の悪行に結び付けるような傾向が出てきてからなのである。これに対し、女性が行使するものとされていた魔術は、その秘密性と日常性から、いつでも疑いの目で見られがちだった。その点で日常的な害悪魔術の噂になるのは圧倒的に女性だった。しかしこのことは逆に、悪意についての確たる証拠がなければ有罪を立証できないことになる。「女の弱さ」ゆえに誘惑に勝てず、罪を犯したが、その弱さゆえに責任能力もないと見なされたからである。魔術犯罪＝死刑というわけではなく、追放刑にされる例がかなりあったことは、その証左でもある。とくに弾劾訴訟の手続では、原告が誣告の罪で処罰される恐れがあるから、たとえ疑ってはいても、そう簡単に告発するわけにはいかなかった。女

図 7　山中での鉱脈探し

中央やや左の男が持つ棒は手元が二股に分かれ，鉱脈を検知する力があるとされている．

性は裁判実務の中では免責されることも多かったのである。

ところが裁判所の訴訟手続が糾問訴訟中心に移行するとともに、裁判所は男女を平等に扱い始める。「女の弱さ」を根拠にした免責は認められなくなってくるのである。一方で「魔女」は伝統的な魔法使いの枠を越えて、悪魔の同盟者、神と地上の正義に対する敵ということになってくる。サバト観念の影響で魔女の自白による共犯者の割り出しが次の魔女裁判へとつながるようになる。あらかじめ十分な噂がなくとも、捜査が開始されうるのである。このシステムが大量迫害をもたらしていった。拷問された被告が共犯者として挙げるのは、まずは共同体の中で敵対していた隣人、それもとくに女同士の反目が大きな意味を持った。男性対女性の敵対関係というより、男女は各々別々のコミュニケーション世界を作っており、友情や反目も、まずは各々のコミュニケーション世界の中で発生する。

裁判所において男女どちらが証人になっているか、また男が女を告発する例と、女が男を告発する例、同性を告発する例、これらの比率がどうなっているかを調べた統計はまだごく一部の地域でしか明らかになっていない。しかしザール地方やリッペ伯領などの例を見ると、裁判所に証人として登場する割合はほぼ二対一で男の方が多い。さらに男が女をまた女が女を告発する例の方が、その逆や男同士の告発よりもずっと多いことが分かっている。ところがこうした統計は注意して読む必要がある。というのも男は公的な世界を代表するところから、裁判所での証言も男が立つことが多い。しかも男は自分が属している親族集団や朋友関係の中の女の利害を代弁する形で証言台に立つことが多いのである。男による告発や女の被告に対する不利な証言の裏側には、女同士の反目があることがしばしばであった。さらに魔女の取り締まりが強化される中で、女性は裁判所に出ることを避けるようになる。たとえば魔術の噂のある女性は、貸した金の返還を要求すべき場合でも、裁判所には行きたがらない。別件での裁判が、自分に対する魔女裁判に転化する可能性があったからである。

やがて悪魔と自由意思で契約したことが魔女犯罪の中心的要素となるにつれ、男女各々に違った魔術領域を割り当てていたこれまでの思考様式は、公的裁判のうえでは意味を失ってしまう。ステレオタイプ化された悪魔学の観念は、最終開廷日に読み聞かされる自白調書、そこで配られる絵入りのビラ、さらには聖職者の説教によって、一般庶民の心性にも一定の影響を与え、魔女のダンスの参加者として名前を挙げられた者に疑いの目が向けられるようになる。さらに、魔女犯罪の構成要件が倫理化していくということは、魔女があらゆる正しき秩序の敵になるということを意味している。とくにプロテスタント諸国でこの傾向が著しかったが、魔女はサバトの狂操《オルギア》に象徴される無秩序、淫乱、破壊のメタファーになっていくのである。このような意味での魔女観念は、もはや女性だけには限られない。キリスト教の伝統の中では女性こそがこうした無秩序に近いという観念はあったものの、羽目をはずし過ぎるのは、女性だけの特性ではないのだから。こうした魔女狩りには男性もまた免れなくなってくる。これが大迫害後期の特徴であろう。一方で男性の指導層をも巻き込むことで、魔女裁判自体が信頼性を失ってしまう。

魔女として告発された男がおこなったとされる魔術は、隣人の妻との密通、家族を顧みずに借金をこしらえたり、他人の商売に口出ししたり、妻に殴られるなど、金銭や公的な職務、家の体面、それに家同士の依存関係や奉公関係など、男同士の階層制に関するコンセンサスが問題になっている。魔女とされる男は男に期待される役割や価値を外れた場合が多い。女たらしのアウグストゲン・マタイスは、初老ながら派手な女性関係と浪費癖で家族に愛想をつかされていた。それ自体は少しも魔女とは結び付かなかったのに、ある時たまたま逮捕された魔女が彼の名を口にしたことから事態は急展開する。老人のくせにあれだけ女を誑《たら》し込むことができるのは、彼が魔術を使っているせいだと。女性に対する魔女嫌疑に比べて、すでに嫌疑そのもののリアリティが希薄になってはいないだろうか。このようにこじつけ一歩手前の魔女嫌疑が増えたことが、すでに魔女大迫害の終わりを予言している。

「魔女」という観念形象は、それまで民衆が親しんできた魔術と対抗魔術という二項対立的な関係とは違う次元のものになってしまった。同時にそうした二項対立的な魔術世界自体が失われ始める。手工業組織の硬直化と並行してのプロト工業化の進展、交通の発達、地域の聖職者による啓蒙活動といったものばかりでなく、巷《ちまた》にはびこっていたニセ医者でさえ伝統的な魔術的世界観を崩すのに貢献したといえる。彼らは「専門家」を自称して、何か新しい説明枠組をもたらすかのように見えたのである。魔女信仰と魔女狩りを支えていた精神的基盤が掘り崩されるということでいえば、「科学革命」といった知識人の世界での変化より、民衆生活の何ほどもない小さな変化の積み重ねの方がより重要であろう。

現代の「魔女狩り」

呪術師と批判者

戦後にまである魔女信仰

スイスで最後の魔女の処刑がおこなわれてから、すでに二〇〇年以上が過ぎた。「魔女」は刑事犯罪としては、もはや問題にもならない。では魔女信仰そのものが人々の心から消え去ったのであろうか。驚くべきことに、第二次世界大戦後、二〇世紀も半ばをすぎてなお、民間では魔女迫害がおこなわれていることが新聞で報じられている。戦後しばらくの時期、「魔女裁判」の増加がマスコミを賑わしたことがあった。これはもちろん、かつての魔女裁判とは違う。たいていは魔女と言われた人が相手を名誉毀損で訴えるものである。

一九五〇年に裁判沙汰にまでなった魔女騒動では、四七歳の女性が自分を魔女だと罵《ののし》った人を相手に告発した。告発された側の言い分では、彼女がコートの裾に触ってから心臓が悪くなり、また一家には髪の毛が逆立ち、冷や汗が流れたり、家畜が病気になったりする不幸が相次いだ。裁判が始まると、告発者側の弁護人は、脅迫状を受け取った。「魔女の裁判をやる者は自ら魔法にかけられるだろう」。こうした魔女中傷の被害者の汚名を雪《そそ》ぐため、身内が新聞広告で中傷をやめるよう警告することすらあった。しかしそうした警告をなすこと自体が、悪い噂を村の外にまで広めてしまうという逆効果を持っただけに、いったん噂が立ってしまうと、状況は八方塞がりになりがちであった。

魔女と名指しされた人はその商売上の顧客を失い、家畜を売ったとしても買い叩かれた。また噂を立てられた女性は近所の子供たちからも嘲笑され、はやし立てられ、外出するのも憚《はばか》られる状況に陥った。彼女らは近隣の家の敷地に入るのも拒まれ、庭を荒らされ、井戸は汚物や動物の屍骸で汚された。飼猫が殺されたり、夜中に騒音を立てて眠りを妨げられたりした。時には魔女への憎悪は放火騒ぎにまで発展することもあった。さらには「魔女」の後をつけて刺し殺したり、自分の夫を魔女だと信じて殺したりした事例が戦前から散発的に見受けられる。村八分にされた孤独の中で暮らす「魔女」には死ぬ時も誰も訪れてくれない。同情を引いた魔女の所へ行って触ると、その人もまた魔法にかけられるとされていたからである。数百年前の魔女信仰がこんなふうに復活するとは、確かに驚きを禁じ得ない。

敗戦で東方の領土を失ったドイツには、戦後数年にわたって東から多くの旧領土のドイツ人が流れ込んできた。縁故を頼って戻ってきた帰還者たちもその共同体にとっては新参者である。物資が乏しい中、戦後すぐの農村地帯には不幸や窮乏、また隣人の説明し難い繁栄に対して、神経過敏になる土壌が作り出されていた。急激な人口流入にもかかわらず、家屋数はほとんど増えていない。シュレスヴィヒ＝ホルシュタインでは、じつに人口の五割がこうした外部からの流入者で占められた。五〇年代の魔女事件の増加は、そのほとんどが農村か小都市で報告されているものである。戦後急激に進んだ農業合理化、機械化、それに伴う人口の流出は、従来の農村生活と住民の心性に不安定要因をもたらすことになった。その意味でやはり第一次世界大戦後の二〇年代にも同様の魔女事件の増加が報告されており、近代化の波に洗われる農村が生み出した不安の表現といえるだろう。魔女を追い出すことを生業《なりわい》とする者が活躍したのもこのころであった。魔女中傷や悪い噂を問題にした名誉毀損訴訟が頻発し、とくに地域で活動する魔女祓い師に絡むものが多かった。彼らの治療活動のペテン性がそこで問題になっていたのである。五〇年代半ばに「ドイツ医学情報」という団体がまとめたところでは、当時の西ドイツで年間七〇件のこうした「魔女裁判」が起きていたという。ただ時代はすでに孤立した農村を舞台にした噂話にとどまらず、都市の大衆を動員できる情報心理戦略もまた大きな影響力を持つ状況にあった。ブルーノ・グレーニングという人物は農村の魔術的治療師と変わらない方法を使いながらも、奇跡の治療師として一躍脚光を浴びる。

啓蒙の闘士ヨハン・クルーゼ

こうした魔女迷信を撲滅すべく立ち向かった人物がいた。アルトナの元国民学校教師ヨハン・クルーゼである。戦前からすでに攻撃的な著作『現代の魔女妄想』で教会や当局に睨まれていた彼が一九五一年に出版した本『われわれの中の魔女?』は、地元シュレスヴィヒ＝ホルシュタインの資料を中心としたもので、彼の名を一躍高めることになった。「忌わしい魔女妄想がどれほど都鄙の広範な民衆層に広まっていることか！二〇世紀も半ばの今日においてなお、ドイツのすべての都市には多くの『魔女』がおり、ほとんど各村に『悪魔の下僕』がいる。彼女らは自衛の手段を持たないため、さげすまれ、迫害される。そのうちの一部はしばしば暴行を受け、殺されさえするのである。何千、何万という女性がこの妄想の下で苦しんでいるが、およそ二〇〇年前に魔女を焼くことがもはやなくなってしまったにもかかわらず、彼女らは相変わらず心安らかに死を迎えることもできない。魔女祓い師は犯罪的なやり方でこの迷信の結果を利用している」。「魔女」観念を完全に一掃するため、これにつながるようなどんな些細なことも見のがさずに、彼はこの本で攻撃するのである。ところがこの本は発売後わずか半年で絶版となり三〇〇〇部の本はローラーにかけて潰されてしまう。出版社の言い分によると、印刷所への支払い不能によるというのだが、背後にクルーゼは自分が攻撃した教会や官庁の存在を推測している。

彼は人々の中に蔓延する魔女信仰、呪術《じゅじゅつ》信仰を一掃するため、一九五四年に「私の闘いの目標」という形で簡潔なテーゼをまとめる。

1　いかなる女性も魔女として虐待され、殺されたり自殺に追い込まれてはならない。

2　いかなる動物も魔除けの呪術などのために殺されてはならない。

3　魔女妄想のゆえに人々の間で憎しみや敵対関係が生じてはならない。

4　魔女祓い師は迷信深い人につけこんではならないし、魔女として女性に疑いを向けたり、民衆裁判にかけさせたりしてはならない。

5　屍体を使ったり動物を虐待したりするような魔術的な病気の治療は、止めさせるべきである。

6　魔女妄想に取り憑かれてしまった人を病院や監禁施設に送ってはならない。
7　魔女妄想から生じる国民経済の損失を回避せねばならない。
魔女妄想から人々を解放するための国家の義務としては、
1　魔女祓い師や呪術的な治療師の活動を禁止すること。
2　『モーゼ第六と第七の書』のような魔術書の販売を禁止すること。
3　民俗学や学校での魔女の説話を禁止すること。
4　薬局などでの魔除けの薬の販売を禁止すること。
5　女性を魔女迫害から守るための規定を刑法に入れること。
こうして彼は、たとえば各学科の教科書や教材に登場してくる魔女のメルヘンをいちいち具体的に挙げながらこれを断罪する。第五・六学年用の教科書に出てくる話で、自分の声を真似する小人に怒った魔女が、小人を崖の穴に閉じ込める話、小鳥を食べようとした猫（猫はもちろん魔女が変身した姿だという、ヨーロッパの文化的文脈における含意がある）が親鳥の攻撃に遭って退散する話だのを取り上げて弾劾する。町や村を巡回する人形芝居に欠かせない配役である魔女もクルーゼの攻撃対象になる。ヘンゼルとグレーテルのような、われわれにもよく知られた話にも魔女が登場するわけだが、クルーゼの見解では、ドイツの初等学校における文字の教材として使われるこの話さえも、子供たちに魔女の邪悪さを吹き込むものなのである。また小学校の教室に掲げられているちょっとした絵にも魔女の姿を認めることができ、子供たちはこうした絵を毎日見ることで、知らず知らずと魔女信仰に染まるのである。彼がわれわれにとってはまったく無害としか思えないような魔女のメルヘンや絵を槍玉にあげる仕方は瑣末で子供じみた糾弾に見えるが、それでも彼の主張には一理ないこともない。子供たちが女性に、それもしばしば両親の居る所で「魔女!魔女!」とはやし立て、握手をしようともしないという現象が現実にあったし、傷害事件も起こっていたのである。

二〇世紀の呪術師

クルーゼが記すところの魔女祓い師の活動を見ると、三〇〇年以上前の魔女狩りの時代に活動していた村の呪術師のそれと何ら変わるところはない。呪術師は顧客に対し、まず誰を疑わしいと思っているか尋ね、答えが得られない時は、たとえば貧窮した老女を誰か知っていないか尋ねて、疑いを魔女のステレオタイプに当てはまりそうな人物へと誘導していく。そして何かしらの粉を与えてこれをかくかくしかじかの時間に飲むように言ったり、謎のような文字や記号が書かれた紙(時にはいかにもそれらしく羊皮紙を用いる)を渡して、胸に付けさせたり、病気の家畜の小屋に吊るしたりさせる。あるいは呪物を家の扉や庭に埋めさせたりする。これらはいずれも魔女を遠ざけたり、その呪力を封じたり、また魔女自身への攻撃にも効果があると信じられているのである。たとえば足の静脈瘤《じょうみゃくりゅう》に苦しむある女性は、三色のインキで不思議な文字が書かれた羊皮紙の豆本を渡され、これを靴下の中に入れておくよう指示されたという。災厄が魔術のせいだということを見極めるために、ある祓い師は疑わしい羽がないかどうか家のベッドを調べる。もし丸まった羽が見つかれば、何か邪悪なものが関係している。もし羽が完全に丸いか環状になっていれば、重大な危険が迫っている。しばしばベッドにはぼろきれや炭のかけらや紙切れが見つかることがあるが、これらも魔女が災厄を家の中に持ち込もうとして仕込んだものである。クルーゼの報告を読む限り、二〇世紀の農村で迫害された「魔女」たちの典型は、貧しい老女という、民話的な魔女のスタイルに再び近付いている。

魔女の特定の仕方も魔女狩り時代のそれと変わらない。ある農民の家で魔女発見の儀式をやった祓い師は、謎めいたものを扉の上にも下にも付けて、家人に一週間の間家の外に出ないようにと指示した。彼がいうには、中庭に最初に入って来た人物が魔女なのだと。実際に入って来たのは隣家の女性であったが、それ以来魔女呼ばわりされるようになったとのことである。魔女は魔法をかけるために、相手の家から何かを借りたり、また逆に呪物を貸したりすると信じられているから、一定の期間何も貸し借りしないようにというのも祓い師がよくやる指示であった。依頼人の衣服を煮たり、裂いたり燻蒸《くんじょう》したりすると儀式はとくに効果的だとされた。またしばしば依頼人を裸にすることもあったが、これは裸の体それ自体が魔術的な力を放射するからだという。さらに魔女からくすねた物に詛《のろ》いをかけたりするのも効果的であった。

対抗魔術の決定版は、魔女本人を呪術的に攻撃することである。他の儀式が効果を生まない時、祓い師はしばしば病気になった家畜を血だらけになるまで打ちのめすよう指示する。ある家畜商人は、牛が病気でつぎつぎと倒れていくのに悩まされ、呪術師に相談したところ、最後に病気になった子牛を血まみれになるまで打つようにと言われ、その通りにした。子牛は血だらけになって倒れたが、そのころある老女が病気で臥せった。魔女は自分が魔法をかけたものが虐待されると、自らも苦しむというわけである。

こうした呪術師たちはしかしながら民衆の信頼を得ていたことも事実であった。もと家具作りの親方だったある呪術師は、魔女発見と追放に使命感を持って北ドイツで活動を始め、多くの「魔女」を追放し、そのうちそれによって生計を立てるようにさえなっていた。

彼の活動は一方で地域住民の間に不和と混乱をもたらし、やがて彼は魔女として迫害を受けた女性の身内から名誉毀損と違法な治療行為で訴えられることになる。しかし裁判には彼を支援する人々が押しかけて警察に排除される騒ぎにまで発展した。魔女迷信の批判者には迫害された「魔女」たちからの手紙が寄せられる一方、呪術師は顧客からの感謝の手紙を示して、自分たちの活動の正当性を誇示することを忘れなかった。呪術師への支持は厚く、違法な治療行為ということで裁判で有罪になっても、人々はむしろ彼らの方を支持し、呪術師は医者や官憲の無知や妬みの犠牲者とさえ見られたという。薬局でも魔女の力を防ぐための薬と称して、たいていは燃やすと悪臭のする物質を売ったりしている状況があった。さらに人や動物の糞尿は悪霊を追い払う力があると考えられ、病気の時に尿を煎じて飲んだりすることも民間では広くおこなわれていた。クルーゼが旗振り役を買って出た呪術師追放、魔術書追放の運動には呪術師の活動が行き過ぎた限りで検察当局も同調する部分が多かった。しかし裁判所は概して呪術師の活動に寛容な態度を示していた。現代国家にとって、民間で活動する呪術師は直接国家法に抵触する犯罪を犯さない限り、関知するようなものではないとみなされたのである。

怪しげな文献

さて、呪術師たちだけでなく一般の農民の魔術実践にも魔術本は多く利用されていたが、この手の本の中でも他を引き離して広く流布したのは、『モーゼ第六と第七の書』(以下『モーゼ』とも略)と呼ばれる

『モーゼ第六と第七の書』(一)

文献である。題名はもちろん旧約聖書のモーゼ五書に引っ掛けてあるわけで、じつはそれに続く第六と第七の秘密の知恵があったのだと称するものである。じつは第八から第一〇までの書というのも存在する。一九七〇年代にフランケン地方で魔術文化についての民俗学的調査をおこなったH・ゼバルトは、老人たちからの聞き取りで、この本がフランケン地方ではすでに見られないものの、ドイツ語圏に広く分布していることを確認している。

旧東プロイセン、オーバープファルツ、ザクセンなどで広く知られており、ザクセンでは一九五〇年代になお子供の遊びの文句にこの本のことが出てきていたという。『モーゼ』の普及は主にドイツ語圏に限られるが、スカンディナヴィア地域では『キプロスの書』が、フランスでは『大アルベルトゥスの秘法』『小アルベルトゥス』が普及している。フランスでは他に『赤い竜』『黒い竜』『黒い雌鶏』といった本が存在するらしい。民俗学、文献学の泰斗であるW＝E・ポイカートは、これらの本と『モーゼ』とを詳細に比較検討した結果、『黒い竜』と『モーゼ』との間には多くの共通点があり、両者の元になる先行文献がおそらく存在しただろうと推測している。一方、スラヴ地域にはこの手の魔術本で目立ったものが見当たらない。東欧の正統教会は新約聖書に忠実であり、ユダヤ教的要素が入るのを拒んできた。さらにロシアでは中世後期以降神政一致の体制が確立され、ヘブライ的伝統を蘇らせようとする異端は厳しく弾圧される。西欧のようにカバラ的、魔術的な思考が栄える余地がそもそもなかったのである。さらに決定的なことは、東欧の民衆の識字率が西欧に比べてかなり低かったことである。魔術の知識が書物を媒介にして広まるためには、人々が文字を読めねばならないというこの単純な事実も、民衆文化の発展の違いを大きく左右したはずである。

さて『モーゼ』の内容だが、この本には多くの版があって、版ごとに内容の異同が大きいのも特徴である。そもそもモーゼを著者と称する文献は（ポイカートによると）すでに一六世紀にまで遡って見出される。べヒトルト=シュトイブリの『ドイツ迷信辞典』には、一八世紀に二種類の『モーゼ』文献が存在したことを伝えている。この文献は複数の出版社が取り扱ってきたが、戦後も旧東ドイツでは出版が許されなかったのに対し、旧西ドイツでは自由に出版され、五〇年代には、ブラウンシュヴァイクのプラネット社のものが最も売れ、九〇〇〇部を数えたという。

実践魔術についての理念史を著したダクセルミュラーによれば、『モーゼ』が印刷物になって市場に出た最初は一七九七年三月二八日の広告であるが、他のいろいろな魔術的オカルト本と同時に売り出され、セット販売で五〇〇ライヒスターラーという結構な値がついていた。ただし個別に五から一〇〇ライヒスターラーでばら売りもしていたようである。こうした魔術書の出版は一八世紀に盛んになった「家父長のための書物」の出版と軌を一にしていた。貴族ではないがまったくの下層民でもない都市の市民や富裕な農民など、ラテン語は知らないがドイツ語の文字を読むことなら何とかできるという当時の「一般庶民」を相手に出版業が盛んになってくる。その中に農事、健康と病気の予防など日常生活の必要に応えてくれる実用書が「家父長のための書物」として多く出回るようになる。読者に魔術実践の具体的な手引きを与えてくれる魔術本というのもこうした「家父長のための書物」の一つだったわけである。

『モーゼ第六と第七の書』㈡

いったい、なぜ「モーゼ」なのか。もともと旧約聖書のモーゼはファラオの前で奇跡をおこなってはいるものの、それはエジプトの魔術師たちのものとは違い、神の業によるものと解釈され、魔術と結び付けられる要素は希薄であった。紀元一世紀のギリシアのパピルス文書には『モーゼ第八の書』について記され、また紀元四世紀の同じくギリシアのパピルス文書には人間と神とを仲介する魔術師としてのモーゼについての記述がある。しかし少なくとも中世を通じてモーゼは魔術師とはされていなかった。だが一八世紀の後半からしだいにモーゼの杖の解釈を巡って「魔術師モーゼ」像が姿を現してくる。一八〇〇年ごろには一六世紀の文献に依拠したとする手書きの『モーゼ』が成立した。しかし「モーゼの書」が本格的に市場でその足場を固めたのは、一八四九年にシュトゥットガルトの古書出版業者ヨハン・シャイブレが「魔法・秘密・啓示に関する文献集成」を編み、虚偽の発行地フィラデルフィアで架空の出版社ウィーク・アンド・コンプから『モーゼ第六と第七の書。すなわちモーゼの魔術的霊の技、秘密の中の秘密・二三の表付の古手写本に忠実な重要な補遺を含む』という題で売り出してからである。このシャイブレ版以降『モーゼ』はハスペル、グーテンベルク、バルテルスなどいくつもの出版社からいくつもの版が出されていった。内容的には日常的な不幸や災厄の予防のための処方が大部分を占め、カバラの知恵に基づくと謳った文句も入っているが、ユダヤ教のラビたちはこの本はカバラとは関係ないと一蹴しているそうである。

一九三〇年にグーテンベルク社から出された版のリプリントから内容をいくつか紹介してみよう。「魔術的共感的家宝あるいは自然魔術の啓示された秘密ならびにあらゆる苦難に対する呪文、癒しの文句、守りの言葉」と題された前半部分は「病気、死およびその他の不幸に対する予防」と銘打って「そっと近寄ってくる敵に対して」の防御策から始まっている。「不気味な人間、殺人者あるいはそれに類する者が脅すような感じで近付いてきたら、次の言葉を密かに唱えよ。おい、お前のことはお見通しだぞ！　神の全能と力とがお前を支配しているんだ。お前が私に、今も、また私の生ある限り害をなせないようにだ。子なる神がお前を見張っている。精霊なる神がわれわれ皆を見張っている。（お前が心臓を失くしてしまわないように）これをお前の償いのために数え入れる。父なる神、子なる神、精霊なる神の名において」。

熱に対して「真黒な猫の耳に穴をあけ、その血の滴りを一切れのパンの上に垂らし、それを食べると発熱に効く」。鼻血に対して「左手の小指を糸でしっかり結わえるとよいという」。

歯痛について「夜明け前に小川に行き、そのうえで足を広げて跨《また》がり、仰向けになって水を汲み、後方に体をそらして水面まで仰向けになる。口にいっぱい水を含んで、それを後方に吐き出す。これを三回繰り返すとよいといわれる。ただし至高の三つの名（＝父と子と精霊）においてなすべし」。

愛の魔術や害悪魔術についても記してある。「娘が若い男の服にクモの卵を押し付けると、彼はその娘に求愛することになる。同じことは自分の髪の毛一本を彼の食事に入れて食べさせても起こる。あるいはひと塊の砂糖を脇の下に挟んで汗を浸み込ませ、コーヒーに入れて出してもよい」。「誰かをゆっくりと殺すには、その当人の足跡を切り抜き――とくに露に濡れた草地の上のがよい――草が乾く程度に燻《いぶ》す。そうするとその不幸な人間は病み衰えて死んでしまう」。

さて二〇世紀にも広く読まれていたというこの『モーゼ』であるが、これこそかのクルーゼが悪質な本として最大の攻撃目標に選んだ書物であった。クルーゼの母もまた魔女だとの噂を立てられており、彼は民衆の中に巣食う魔術の一掃のために使命感をもって闘ったわけである。彼は『ハンブルク新聞』の文芸欄編集者であったマイヤー＝マルヴィッツとともに「ハンブルク協会」の活動の一環として、「近代魔女妄想研究資料館」を設立、やがてクルーゼの自宅の一角には膨大な資料が集められた。

クルーゼと「モーゼ裁判」

クルーゼの攻撃目標は民俗学をはじめとする知識人と官庁に向けられた。「魔女妄想が広がっている原因はとくに次のことに求められる。すなわち二〇〇年前に魔女焚殺をやめた後でも、国家と学問は民衆の中になおはびこっている魔女信仰を許してきていることである」。

クルーゼの自宅には「魔女」として迫害にあった人々からの相談や手紙がつぎつぎと舞い込み、一種の駆け込み寺的様相を呈していたという。クルーゼ自身も時間の許す限りそうした人々に返事を書き、またしばしば現地に出かけていって相談に応じたりした。

プラネット書店から出た『モーゼ第六と第七の書』は、秘密めいたパッケージに入って発送され、いわくありげな広告も打って、この手の本としてはかなりの売れ行きだった。あるジャーナリストからこの本について知らされたクルーゼは、一九五三年にブラウンシュヴァイクの検事局に出版社を告発する。この裁判は「ブラウンシュヴァイクのモーゼ裁判」として知られ、戦後の復興期においてドイツの民間魔術と魔女信仰を現代の視点からどう評価するかが問われた形になった。告発はいく度かの却下にあったが、やがて動物愛護団体や女性団体、それに著名な科学者や法律家が集まる啓蒙団体が、クルーゼの支援に乗り出すことで状況が変わってきた。一九五五年に訴えは受理された。書店側の弁護団は、オカルト系出版業界関係者の他、民俗学の大物ポイカートを鑑定人に担ぎ出した。検察側鑑定人は法医学の権威オットー・プロコップである。

ブラウンシュヴァイクの拡大参審員裁判所での公判では、ポイカートとプロコップの鑑定が真っ向から対立した。ポイカートは『モーゼ』を一六〜一八世紀の医学的教養を修めた知識人の手になる文献で、ここに書かれている処方は医学的な基礎があり、禁止しても問題の解決にはならないと主張した。一方、プロコップは、ドイツには今なお迷信がはびこっており、『モーゼ』はそれを助長するので有害であるとした。プロコップが出した鑑定は、自然科学の立場からのものであった。『モーゼ』には有害で、また法律にも違反するようなことを勧める記述が多くある。たとえば梅毒の治療法として、首まで馬糞の中に浸かって悪い体液を体から出すとよい、という記述がある。一九五四年に実際にこの方法を試みて、ある男性が死亡しているのだ。他にもこの本からの情報が元で多くの刑事事件になった例があり、しかもこの本はその中味が、実在のモーゼが言ったことだと、迷信深い人に誤解を与えるようにできている。プロコップは迷信を精神的退行だと位置づけ、合理主義の側から迷信を助長する低俗極まりない本の危険性を訴えたのである。裁判所は検察側に軍配を上げる。被告のプラネット書店のオーナー、フェルディナント・マズーフは、この判決によって刑事犯罪を唆《そそのか》し、性病予防の法律に違反、不当な競争と詐欺で有罪とされ、三ヵ月の禁固、九〇〇〇マルクの罰金、共同出版者のハインリヒ・シュネルは一〇日の禁固と一〇〇〇マルクの罰金を言い渡された。さらに在庫分の処分と版型の廃棄も命じられた。

ポイカートの鑑定と逆転無罪

これに対して被告側弁護団は控訴し、一九五七年にブラウンシュヴァイクの州裁判所刑事部で開かれた公判では、両者が再び鋭く対立した。若いころは社会民主党の左派に属し（クルーゼもやはり社会民主党であった）、早くから労働者民俗学を創始するなど、戦前の民俗学の主流とは違った境地を切り開いて実績を積んでいたポイカートは、戦後すぐに起こったハインツ・マウスによるドイツ民俗学への批判にも耐え抜くだけの大物であり、それだけに彼の『モーゼ』擁護論は重みを持った。「彼（クルーゼ）は魔女について書かれてきた重要な著作を何一つ知らないようであるし……」「J・クルーゼ氏の書いたものは学問研究全体の中では、真面目に受け取れないような本である」。クルーゼのディレッタンティズムをほとんど叱り飛ばすような調子でやっつけたポイカートは、出版社を擁護する鑑定において、この本の性格を次のように述べる。

『モーゼ』は民衆的伝統の無害な継承物である。時代による変遷は出版者の意図というよりは、それを必要とした民衆読者の欲求に基づくものである。「一九世紀の『魔術的な家長の文献』に属する本は決して死んでもいないし……そこで書き写され、編纂され、そしておそらくは実践されているのである」。「迷信」は出版社が煽り立てるようなものではなく、むしろ魔術本の方が民衆の欲求の反映である。

裁判の途中で検察側鑑定人のプロコップが東ベルリンのフンボルト大学に招聘されたことは、被告側に有利に働いた。オカルト本を巡る裁判は、一気にイデオロギー闘争の色彩を帯びてしまう。プロコップの不安は適中し、控訴審では対立するポイカートの鑑定が採用され、一審判決は破棄、被告は無罪を言い渡されたのである。

一九五七年の判決でも、まだ勝負は終わらなかった。上級検事はこの判決ではプロコップの鑑定が生かされていないとして、上告を決定した。上告を受けたブラウンシュヴァイクの州高等裁判所刑事部は、翌五八年に、州裁判所は『モーゼ』の読者層について、もっと立ち入った検討をおこなうべきだと命じている。『モーゼ』の広告では、古い手書き写本を元に出版したとしているが、それが購買者を欺いたことになるのかどうかという論点である。じつのところこの裁判の過程でプラネット社版『モーゼ』は、一九四六年にゲオルク・シュメーデスという人物が送りつけてきたものだということが明らかになっている。彼は母親の形見の中に見つけた古い『モーゼ』の印刷本を書き写して、プラネット社を含むいくつかの出版社に送ったのである。その原本はおそらく一八七〇年ごろかそれ以前のものらしいが、焼却されて残っていない。いずれにせよ購買者の調査をせよという州裁判所への指示のおかげで、はからずも『モーゼ』をめぐる購買者の動機についての調査結果が残ることになった。読者の購買動機はじつにさまざまである。ある五三歳の男性は妻の病気の治療のために手引きとして買ったと言い、七四歳の女性はアメリカにいる妹のために、ある鉱夫はたんなる好奇心から、また西ベルリンのある書店主は、東地区からよく見知らぬ客が来ては買って行ったと証言している。ある六〇歳の女性はこの本を最悪の黒魔術の本だと考えていたし、また牛をたくさん飼っているある男性は、牛の病気を防げるのならと、実践的な手引きのつもりで買ったが、書いてある処方を見てくだらないと思い、妻がその本を焼いてしまったという。

上告審の審理では、けっきょく出版社側に不正競争行為があったとして三〇〇マルクの罰金が言い渡され、一九六〇年に結着を見た。しかしクルーゼがめざしていた出版差し止めは認められず、翌年の検察側上告も退けられて、実質的には彼の敗北に終わったのである。ともあれ『モーゼ』は今では自由に手に入る。英語にも訳されており、アメリカでも隠れたロングセラーであるらしい。

一九六一年には東西ベルリンに壁が築かれるが、それにもまして農村の魔女騒動自体が六〇年代に入ると急速に沈静化していった。有害な迷信煽動か、無害な伝統の反映かという論争も現実的な意味を失ってしまう。しかし戦後のドイツにおいてもこの本を経済生活改善の実践的な手引きとして購入した人々がいたということには驚かされる。その後旧西ドイツは「奇跡の復興」を遂げ、ヨーロッパ最強の工業国・経済大国にのし上がった。八〇年代からは文化フェミニズムと結び付いた新しい魔女ブームが起こり、ドルイド文化

（ドルイドは古代ケルト人社会の祭司階級。魔術やキリスト教以前のヨーロッパに対する関心の高まりによって脚光を浴びるようになった）の復活が環境保護運動とも連動する形で言われたりもした。魔術の中に「異教」を見ようとするこうした傾向は、さてクルーゼが相手にした民間魔術とははたして同質なのだろうか。戦後ドイツ社会は決定的な質的変化を遂げていないだろうか。

魔法使いから魔女へ――エピローグ

魔女狩りのパターン

全ヨーロッパ的規模で見た場合、魔女狩りの歴史をどのように再構成するかについては、いまだ謎が多い。時系列的に見ると、中央ヨーロッパでの集中的迫害の波は一五九〇年と一六三〇年代、そして一六六〇年ごろに大きなピークがある。本書が中心的な対象にしたのはあくまでも中央ヨーロッパの大迫害、それもドイツの大迫害地域である。魔女狩りの諸相の中でも、ここがある一つの典型を示していると考えられるからである。しかし大迫害の周辺部まで含めると、明瞭なパターンを見出すことが難しくなる。

魔女はなぜあれほどの迫害を受けたのか。その主な原動力は紛れもなく民衆の中の迫害エネルギーである。ではそのエネルギーの根源は何か。近世の「小氷河期」ともいわれる寒冷な気候、その結果としての凶作が一般的な災厄感を生み、それが災厄の原因=魔女の迫害へと繋がったであろうことは、気温の変動、穀物価格と魔女裁判件数の統計の相関関係から、近年少しずつ確認されてきている。しかしこれはある程度広い地域をとった一般論としては言えるものの、具体的な迫害メカニズムを直接明らかにするものではない。なぜなら魔女迫害は一つ一つの村や町の共同体を取ってみると、ある時期に集中してたくさんの魔女が焼かれたり、散発的に長期にわたって迫害が起きたり、まったくそうした迫害を経験しなかったりと、じつにさまざまなパターンを示すからである。

乱暴に図式化すると大迫害の構図は三つのパターンにまとめられよう。公権力の側には悪魔学の知的背景があり、魔女事件については尋問の形式もこの図式に従って整えられ、裁判官も悪魔学的要素の有無に最大の関心を払う傾向があること、魔術に関する伝統的精神世界も不安定化している（説教による迷信の抑圧、識字率の向上、家内工業技術の発達による新しい世界認識の可能性）といったことが前提である。

1　実務上の困難さから当局は民衆の迫害要求を積極的に取り上げない。ただ悪魔学の構成要件が疑われた時にのみ拷問と処刑に進む。散発的だが長期間にわたって迫害は続く。伝統的な型である。

2　民衆の迫害要求は組織化され、この圧力に当局は抗しきれない。司法組織の末端に多くの協力者が存在し、伝統的当事者訴訟も学識裁判の原則もともに機能しなくなって、迫害マシーンとして暴走。大量迫害を生む。悪魔学的要素は有罪判決の理由づけのためのものとなり、形式化する。

3　特異な人物や熱心な官僚が上位の権力を直接体現して在地の司法慣行を無視し、特別裁判によって集中的に迫害をおこなう。サディズム的傾向もこのパターンに現れやすい。こうした例はそれほど多くない。

「悪」の人格化

大迫害の時代、魔術的世界観・世界認識が、じつは危機に曝《さら》されていたということが言えないだろうか。魔術と対抗魔術が平衡を保っている状態では、散発的な「悪い魔法使い」への迫害はあるかもしれないが、災厄にかこつけて次から次へと犠牲者を作り出していくような異常な心理状態にはなりにくいであろう。しかし大迫害時代にはこの前まで魔女迫害に熱心だったその人が、今度は血祭りにあげられることとさえ珍しくはない。ここには明らかに世界認識のバランスが崩れた状態がある。ドイツ全土にわたる統計ではないが、「魔女」非難に対する名誉毀損訴訟が魔女裁判と並行して増加していることが分かっている。「魔女」と言われることが公的な名誉に関わる重大問題になったのだ。魔術と対抗魔術の関係に倫理的要素を持ち込もうとしたのが教会だった。しかしこれは直接には一般人には理解されない。それでも中世には教会がおこなっていた教化の任務を近世の世俗権力が引き受けたことの意味は大きかった。犯罪人に対する華々しい処刑によって広域的権力が示したものは、神の秩序の地上における代理人としての立場であった。公権力による民衆の教化政策、とくにプロテスタント地域では牧師の説教は大きな影響力を持ったであろう。カトリックもまた対抗宗教改革を通じて、信仰による生活の規制を押し進めた。復活祭には懺悔と聖体拝領が義務づけられ、姦通や売春は厳罰に処され、ダンスやカード遊び、競馬、球戯も禁止される傾向にあった。マクシミリアン一世の時代のバイエルンでは、懺悔の証明を当局に提出しなかった市民は、市民権と財産を没収されるという強硬な政策が取られた。これらの政策が目指すのは、国家的規模での信仰の内面化である。

ただ民衆は「神の秩序の敵」としての魔女像をあっさり受け入れたわけではなかった。魔術的世界観の中では、魔術能力それ自体は本来特定の人格的形象に結晶化することはなかった。善なり悪なりは具体的に現世における幸福を約束してくれるのかどうかによって決まっていたのであって、それ以上の何ものでもなかった。この世に充満しているのは不可思議な力である。そうした力を操作する能力に長じた人間もいるし、またその能力は血筋や接触を通じて伝播しうる。さらにこれは一種の「技」であるから、手工業的に学ぶことすらできる。そうした能力を持つ人自身は、これまた善でも悪でもない。それを誰か他人の不幸のために用いると悪であり、幸福のために使うと善である。こうした伝統的な魔術的世界認識に、上からの権威による善悪の絶対的な基準が持ち込まれてくる。

民衆はその基準をそのまま内面化したわけではなかろう。しかし個別具体的な行為からなる「悪」が人格化され、「悪魔」という具体的な形を与えられたこと、そしてその人格化された悪に引きずられていく人間がいると考えられるようになったこと、これは民衆にとっての新たな「魔女」の成立である。ただし神に背くという悪魔学的要素は最後まで内面化されなかった。善か悪かはあくまでも対人関係によって決まっていたのである。伝統的心性を持つ人々が、悪の実体化というキリスト教の概念枠組を換骨奪胎して、スケープゴート抹殺のために利用したと言えるかもしれない。ただ悪が人格化されたこと、そして人間の中の邪悪な要素が「魔女」という形で投影されたことは、民衆文化自体がキリスト教化されてきたことでもあるだろう。そしてそれは伝統的な魔術的世界観がその安定性を失ってきたことをも意味するのである。

魔術的世界観の変化

魔術的世界観は近世から近代にかけて、これとはまた別の解釈モデル、たとえば自然科学、医学、哲学、技術などによって、しだいにその信憑性、妥当性を失っていく。これらが説明できないし、また助けにもならないような場合にのみ、魔術が呼び出されるようになる。魔術は今や物事の説明や問題解決のための処方としては真面目に受け取られない、一つの下位文化になっていく。それ以前から魔術そのものもその中味を少しずつ変化させてきた。一つは自然魔術から儀式魔術への移行、とくに言葉によるまじないの比重が高まってきたことである。その代表は、小さな文字を書いた護符、および口頭の呪文である。呪文は魔術本を介して伝えられていく。南ティロル地方ブリクセンの宿屋クリストフ・ゴストナーは地域の呪術師として顧客の相談に乗り、宝探しや害悪魔術すらもおこなっていたが、その彼に対する一五九五年の尋問記録を読むと、魔術をどこから習ったのかという問いに、医術書、薬草書という答えがあがっている。彼の蔵書目録が作成されて残っているが、福音書や聖歌集、ラント条令を記した紙、袋に入った水晶玉などに混じって数々の治療処方書、呪文を書いた紙片の束が記録されている。すでに呪術師の魔術は高度に洗練され、儀式化されたものであったのだ。

二つ目は悪魔祓いなどの教会魔術の比重が上がったことである。カトリック教会では従来からの悪魔祓いを秩序立てるため、一六一四年以降統一された儀典が定められる。しかしこれはそれ以前からの長い教会魔術をある程度合理化し、固定化したものでもあった。魔術と対抗魔術を神と悪魔のキリスト教的文脈に移し替えていくことで、「悪魔」の形象は俗人の目にもはっきり刻み込まれたことであろう。対人道徳における悪の要素は疎外され、外部に投影されやすくなる。

図8　15世紀の護符

鞣した人間の皮に銀製の金具がついている．なお，一般に死体の一部には特別の呪力があると信じられ，とくに処刑された犯罪人のそれは効果が高いとされていた．

そして三番目に魔術の実践自体が個人化、秘匿化していったことである。プロテスタントではもちろん悪魔祓いのような魔術的要素は希薄である。しかし魔術を抑圧し、公的な宗教から追放したことで、かえって実践魔術は非公式の領域で生き残り、栄えることになった。程度の差はあれ、対抗宗教改革を通じて信仰の内面化を進めたカトリックにもそれは言える。これらを通じて魔術的世界の安定した平衡状態が危険にさらされるのである。

本書ではルドルフ二世の宮廷で栄えたような知識人の魔術や錬金術については一切触れなかった。魔女狩りのきっかけになるような素朴な実践魔術とはあまりにも落差が大きいからである。しかしすでにゴストナーの尋問記録に大アルベルトゥスの魔術書の名前が出てくるように、換骨奪胎された知識人魔術がさらに断片化、パロディー化されてある程度民間呪術師のレベルまで到達していたことは、おそらく認めざるを得ないだろう。『モーゼ』に関するポイカートの見解はこれを裏書きしている。ヨーロッパ史の謎は、どこの文化にも普通に見られる呪術師迫害現象が「魔女裁判」という形で大量迫害を生み出したことにある。魔術本の所有者の階層や宗教的態度、裁判官階層と実践魔術の関わりについてはまだほとんど研究が進んでいないが、この謎を解く鍵の一つはそこら辺りにあるかもしれない。

参考文献

＊史料等は除き，入手しやすいもののみを掲げた。

Blauert, Andreas(Hrsg.), *Ketzer, Zauberei, Hexen. Die Anfänge der europäischen Hexenverfolgungen*, 1990.

Blauert, Andreas, *Frühe Hexenverfolgungen. Ketzer-, Zauberei -und Hexenprozesse des 15. Jahrhunderts*, 1989.

Schwaiger, Georg(Hrsg.), *Teufelsglaube und Hexenprozesse*, 1988.

Wilbertz, Gisela/Schwerhoff, Gerd/Scheffler, Jürgen(Hrsg.), *Hexenverfolgung und Regionalgeschichte. Die Grafschaft Lippe im Vergleich*, 1994.

Franz, Gunther/Irsigler, Franz(Hrsg.), *Hexenglaube und Hexenprozesse im Raum Rhein-Mosel-Saar*, 1995.

Schormann, Gerhard, *Der Krieg gegen die Hexen. Das Ausrottungsprogramm des Kurfürsten von Köln*, 1991.

Daxelmüller, Christoph, *Zauberpraktiken. Eine Ideengeschichte der Magie*, 1993.

Baumhauer, Joachim Friedrich, *Johann Kruse und der „neuzeitliche Hexenwahn“ : zur Situation eines norddeutschen Aufklärers und einer Glaubensvorstellung im 20. Jahrhundert, untersucht anhand von Vergängen in Dithmarschen*, 1984.

Kruse, Johann, *Hexen unter uns? Magie und Zauberglauben in unserer Zeit*, 1951.

Ahrendt-Schulte, Ingrid, *Schadenzauber und Konflikte. Sozialgeschichte von Frauen im Spiegel der Hexenprozesse des 16. Jahrhunderts in der Grafschaft Lippe*, 1991.

Roper, Lyndal, *Oedipus and the Devil: Witchcraft, Sexuality and Religion 1500-1700*, 1994.

Das sechste und siebente Buch Mosis. Sein wahrer Wert und was das Volk darin sucht, 1996.

Rummel, Walter, *Bauern, Herren und Hexen. Studien zur Sozialgeschichte sponheimischer und kurtrierischer Hexenprozesse 1574-1664*, 1991.

Walz, Rainer, *Hexenglaube und magische Kommunikation im Dorf der Frühen Neuzeit. Die Verfolgungen in der Grafschaft Lippe*, 1994.

Harmening, Dieter(Hrsg.), *Hexen heute. Magische Tradition und neue Zutaten*, 1991.

Labouvie, Eva, *Verbotene Künste. Volksmagie und ländlicher Aberglaube in den Dorfgemeinden des Saarraumes. (16-19. Jahrhundert)*, 1992.

Hans-Jürgen Wolf, *Geschichte der Hexenprozesse. Schwarze Messen. Kinderhexen. Zeitdokumente. Hexenwahn bis heute*, 1995.

上山安敏『魔女とキリスト教——ヨーロッパ学再考——』人文書院、一九九三年。

上山安敏・牟田和男編『魔女狩りと悪魔学』人文書院、一九九七年。

度会好一『魔女幻想——呪術から読み解くヨーロッパ——』中央公論社、一九九九年。

あとがき

吉川弘文館より執筆の依頼があったのはもう二年半以上前になる。日本でもヨーロッパの魔女狩りについての文献はかなりの点数が揃ってきていたが、九〇年代の魔女ブームの方向にはいささか不満があった。そこに見られる観念史的アプローチそれ自体に対してではなく、何かしら甘ったるいロマン主義が底流にあるような気がしたからである。ずるずると仕事を引き延ばしているうちに、度会好一氏の『魔女幻想』が出てしまった。筆者の見解をある程度先取りされてしまったが、同時に意を強くもした。

断っておかねばならないが、一般書という性格はあるにせよ、この本もほとんど二次文献だけに依拠している。ドイツだけでも未発掘の史料は無数にある。たとえば魔女裁判発生件数の統計についても、現時点で正確な数字を云々すること自体がほとんどナンセンスに等しい。現在利用できる研究というのは、そうした不正確さをあえて承知の上で、概観しようとしたものか、でなければ限られた地域を精査したモノグラフィーである。史料へのアクセスの困難さという技術的な障害がつきまとう以上、日本では実証研究そのものではなく、それを土台にした概括的イメージを示すことの方が意味があるだろう。近年の研究では、たとえばフェミニズム的視点から魔女狩り解釈という点一つとっても、かつてのような単純直截な女性迫害論ではなくなってきている。この点はヨーロッパの実証研究がもたらした成果だろう。本書はとりあえず現在までの時点で明らかになった魔女の社会的実態を手がかりに、過剰な思い入れのある従来の魔女像に、若干の修正を試みたものである。ただし本書で提示される魔女像も一つのモデルにすぎない。既成の研究から実際の魔女の多様性をすべて掬い取ることは不可能に等しいからだ。

日本に魔女狩り的なものがなかったわけではない。いわゆる憑き物信仰は戦後に至るまで社会的な問題を引き起こすほど、強烈な社会的圧力を持ち続けた。しかし憑かれた家というのは、共同体のなかで忌避されるにしても、それ自体が悪を体現するものではない。その意味では日本にはヨーロッパのような宗教的、組織的な魔女狩りの前提条件はなかったと言えるだろう。絶対悪というキリスト教的観念は、絶対善である神に従う人間という観念を生みだした。しかし裏を返せば、それは自己中心主義にもなりうる。魔女についての日本の言説のなかにはこうしたヨーロッパ思想の特異性を批判的に見る態度が一つの底流としてあるように思われる。たしかに魔女狩りの時代から啓蒙を経て確立されたヨーロッパ的な「人権」概念、そのなかに潜む人間中心主義と自然の管理の思想には、私自身少しばかり違和感を覚える。ではしからば日本人が持つ人間と人間以外のものとの関係の観念を無批判に肯定できるだろうか。自然は人間の都合のいいように搾取しても、ひとりでに回復するからいいのだといった甘えにつながる可能性はないのだろうか。河岸という河岸はコンクリートで固められ、山林のなかにけばけばしい看板が立ち、不必要なダムや道路が山林を切り刻んでいく。日本人が自然との調和を大事にするなどと言われる時、そこで言われる「自然」とは、実際にはどこにもない抽象的な観念の上での「自然」である。

思想論や文明論はともかくとして、少なくともドイツの魔女狩りの実態は、従来言われてきたようなキリスト教思想の文脈とは、かなり違った力学によって動いていたのではないかというのが近年の諸研究の示すところであり、本書で紹介したかったことである。

今日魔術ブームである。占い、占星術、タロット、降霊術、さらに魔女崇拝やサタニズム、新異教運動、そして商業化された魔術パフォーマンスやオカルト映画等々。欧米とは異質な文化的背景を持つ日本でもヨーロッパの魔術への関心は高い。大学教員時代に行なった講義でも、なぜか魔女裁判というテーマは人気があった。本来なら魔女狩りをテーマとするなど、日本では好事家の趣味と片づけられてもおかしくないはずである。もちろん今日の魔術への関心は、かつての此岸的な生活技術としての魔術とはまったく違った意味においてだろう。日常生活の必要性から呪文を唱えたり、魔術的儀式をする人は、おそらく今日ではほとんどいるまい。これら現代の魔術パフォーマンスは、かつての人びとの需要とは異なった意味で、現代人の精神的需要に応えているのだろう。しかしかつての「魔女」は現代人が求める「女神」などとはまったく別のものである。

都市化社会のなかで、技術の進歩はあまりにも速く、われわれはそれについていくだけで精一杯である。人間の「闇」の部分への関心は、高まることはあれ、薄らぎはしないだろう。ただどんな形で現われるにせよ、現代では魔術はテクノロジーと分離したサブカルチャーとして以外に現われようがないのではないか。サブカルチャーは、しかし時としてそこに入り込んだ人間を強烈に突き動かす絶大な力を持つ。一方で一人歩きする高度のテクノロジーと、もう一方に闇であれ光であれ人間存在に宇宙論的な意味を見い出したいという欲求。分裂した両者が調和するものかどうか、それは分からない。ただ宇宙論的神話はそれがどんなに壮大なものであれ、それだけでは今日のわれわれの生活世界全般を統合するものではありえない。したがっていつでも相対化できるものであり、抜け出せるものであること、これを意識しておく必要はあるだろう。ナチスの例を見るまでもなく、神話を利用したテクノロジーに搦め取られることほど恐ろしいものはないからである。

筆者の怠慢から、原稿のできあがりが当初の予定より一年半も遅れてしまった。その間、匙を投げずに辛抱強く待ってくださった吉川弘文館には、感謝のしようもない。また最初の原稿に目を通していただいた恩師の上山安敏先生にはこの場を借りて幾重にも御礼を申し上げたい。最後に一般読者としてコメントし、また文献収集にも手を貸してくれた連れ合いの真嶋潤子にも感謝したい。

二〇〇〇年七月

牟田和男

著者紹介

一九五六年、山口県に生まれる
一九八〇年、京都大学法学部卒業
一九九九年、九州国際大学法学部退職

主要著書・論文

魔女狩りと悪魔学〈編〉　職人反乱と古き権利―一八世紀ドイツにおける手工業職人のストライキと法意識（『法学論叢』一一七―三・一一八―一）　身分の危機―帝国末期ニュルンベルク社会の一断面（『八幡大学論集』三九―一）

歴史文化ライブラリー
102

魔女裁判
魔術と民衆のドイツ史

二〇〇〇年（平成十二）九月一日　第一刷発行

著者　牟《む》田《た》和《かず》男《お》
発行者　林　英男
発行所　株式会社 吉川弘文館
東京都文京区本郷七丁目二番八号
郵便番号一一三―〇〇三三
電話〇三―三八一三―九一五一〈代表〉
振替口座〇〇一〇〇―五―二四四
印刷＝平文社　製本＝ナショナル製本
装幀＝山崎　登

歴史文化ライブラリー

1996.10

刊行のことば

現今の日本および国際社会は、さまざまな面で大変動の時代を迎えておりますが、近づきつつある二十一世紀は人類史の到達点として、物質的な繁栄のみならず文化や自然・社会環境を謳歌できる平和な社会でなければなりません。しかしながら高度成長・技術革新にともなう急激な変貌は「自己本位な刹那主義」の風潮を生みだし、先人が築いてきた歴史や文化に学ぶ余裕もなく、いまだ明るい人類の将来が展望できていないようにも見えます。このような状況を踏まえ、よりよい二十一世紀社会を築くために、人類誕生から現在に至る「人類の遺産・教訓」としてのあらゆる分野の歴史と文化を「歴史文化ライブラリー」として刊行することといたしました。

小社は、安政四年(一八五七)の創業以来、一貫して歴史学を中心とした専門出版社として書籍を刊行しつづけてまいりました。その経験を生かし、学問成果にもとづいた本叢書を刊行し社会的要請に応えて行きたいと考えております。

現代は、マスメディアが発達した高度情報化社会といわれますが、私どもはあくまでも活字を主体とした出版こそ、ものの本質を考える基礎と信じ、本叢書をとおして社会に訴えてまいりたいと思います。これから生まれでる一冊一冊が、それぞれの読者を知的冒険の旅へと誘い、希望に満ちた人類の未来を構築する糧となれば幸いです。

吉川弘文館

〈オンデマンド版〉
魔女裁判
魔術と民衆のドイツ史

On Demand
歴史文化ライブラリー
102

2018年（平成30）10月1日　発行

著　者　　牟《む》 田《た》 和《かず》 男《お》
発行者　　吉 川 道 郎
発行所　　株式会社　吉川弘文館
〒113-0033　東京都文京区本郷7丁目2番8号
TEL　03-3813-9151〈代表〉
URL　http://www.yoshikawa-k.co.jp/

印刷・製本　大日本印刷株式会社
装　幀　清水良洋・宮崎萌美

牟田和男（1956～）

ISBN978-4-642-75502-3